Del Caos al Orden

Cómo construir un área que opera sin depender de ti

Si tu área no funciona sin ti, no tienes un sistema: tienes caos con apariencia de orden. Este libro te da el Sistema Operativo para diseñar, medir, ejecutar y sostener resultados, sin importar el tamaño de tu organización ni la industria en la que operes.

Índice

Introducción. El día que entendí que el esfuerzo no es suficiente

Son las diez de la noche de un martes. Tienes cuarenta y tres mensajes sin responder, una presentación para mañana que todavía no está lista y tres problemas que alguien de tu equipo debería haber resuelto antes de las cinco. No los resolvió. Te los mandó a ti, delegó hacia arriba.

No es la primera vez que pasa esto. Ni la décima. Es todos los martes. Y los miércoles. Y los domingos en la noche, cuando revisas el teléfono antes de dormir porque sabes que si no lo haces, mañana el problema será el doble.

Lo más desconcertante no es el volumen de trabajo. Es que tú no eres un ejecutivo mediocre. Eres inteligente, comprometido, con años de experiencia que respaldan cada decisión que tomas. Tu área avanza. Los problemas se resuelven. Los resultados llegan.

El problema es que todo eso ocurre porque tú estás ahí. Y cuando no estás, el área no sabe qué hacer.

Hubo un momento en mi carrera en el que, en apariencia, todo estaba funcionando: el equipo trabajaba, los problemas se atendían y las cosas seguían su curso. Pero por dentro, algo no cuadraba. La sensación era clara y constante: avanzábamos, pero no lo suficiente.

No era falta de gente. No era falta de voluntad. Cada persona hacía su mejor esfuerzo. El problema era que cada quien imaginaba a su manera cómo debía resolverse cada tema. Algunos más rápidos, otros más lentos. Algunos con criterio, otros con intuición. Y al final del día, el resultado dependía del líder que gestionaba, no de cómo estaba diseñado el sistema.

Ahí entendí algo que cambió la forma en que dirijo: el caos no se controla con más esfuerzo. Se elimina con método.

Sin un sistema, no tienes un área. Tienes un grupo de personas resolviendo el mismo problema de formas distintas, todos los días, sin aprender colectivamente, sin escalar, sin consistencia. Y lo más peligroso: sin ti, nada funciona.

Por eso escribí este libro.

Un ejecutivo sin sistema no es un líder. Es un bombero.

Se la pasa apagando incendios, tomando decisiones que su equipo debería tomar, resolviendo problemas que debería haber prevenido. Es el más ocupado de todos, el primero en llegar y el último en irse, y paradójicamente, su área es la más frágil. Porque todo depende de él.

Lo llamo el ejecutivo indispensable: el que cree que su mayor valor es que todo dependa de él. Y lo conozco bien, porque en algún momento de mi carrera yo fui ese ejecutivo.

> *Jim Collins y su equipo analizaron a 1,435 empresas durante cinco años para identificar las once que lograron una transición sostenida de buenos a excelentes resultados. El factor diferenciador en el liderazgo no fue el carisma ni la visibilidad pública, sino la capacidad de construir organizaciones que seguían funcionando y creciendo después de que el líder ya no estaba. A esos líderes los llamó de Nivel 5.*

> *--- Jim Collins, Good to Great (HarperCollins, 2001)*

Eso es lo que este libro te propone construir. No un área que te necesita. Un área que ya no te necesita para operar.

La trampa es que desde afuera parece compromiso. Desde adentro se siente como responsabilidad. Pero en realidad es una señal de que algo está roto en la forma en que opera el área.

La solución no es trabajar más. Tampoco es contratar más gente. La solución es construir un Sistema.

Un Sistema, y no hablo de software. Hablo de un método estándar para diseñar, ejecutar, medir y optimizar, que funcione sin importar quién esté en el equipo, sin importar la industria, sin importar el tamaño del área. Un sistema que opere incluso cuando tú no estás.

Lo aprendí a golpes, en la industria alimenticia, en retail, en servicios financieros. Intenté sistemas demasiado rígidos que la gente abandonaba a los meses. Caí en la trampa de diseñar metodologías perfectas que nunca se ejecutaron. Y entendí que el resultado no está en diseñar el sistema, está en hacerlo funcionar todos los días.

Ese aprendizaje es lo que encontrarás en este libro.

¿Para quién es este libro?

Es para el ejecutivo que lidera un área con equipo, con presión desde arriba y desde abajo, que siente que su organización depende demasiado de él y que sabe que tiene que cambiar algo, pero no sabe exactamente qué ni por dónde empezar.

Puede ser que dirijas una dirección de trescientas personas en una empresa del Fortune 500 o un equipo de seis en una startup que acaba de contratar a su primer empleado. Puede ser que seas el gerente de turno de una planta industrial o el fundador que todavía hace todo porque nadie más "lo hace bien". El denominador común no es el tamaño del equipo. Es la dependencia: el área no sabe qué hacer cuando tú no estás. Puede ser que lleves años en el rol o que acabes de llegar. Lo que importa es que tienes un equipo bajo tu responsabilidad, resultados que deberías estar produciendo con consistencia, y la sensación de que la forma en que operas hoy no es la forma en que podrás seguir operando mañana.

El método funciona igual para una dirección de cincuenta personas que para una operación de cinco mil. Lo que cambia es la escala, no el principio.

Cómo usar este libro

Este libro es una lectura corrida: el argumento completo de un método que te ayudará a dar mejores resultados, con las historias, los principios y la lógica de cada componente. Puedes leerlo en un fin de semana, o en una semana para quienes prefieren un ritmo más pausado.

Lo que encontrarás aquí es el método completo: el argumento, los principios, los marcos y las herramientas concretas para diseñar, medir y ejecutar. Cada parte responde una pregunta distinta. Al final de la última página no solo tendrás claridad sobre lo que necesitas construir — tendrás lo que necesitas para empezar.

Si quieres acortar el camino de implementación, existe un segundo libro: Del Caos al Orden: El Manual, donde cada concepto de este libro se convierte en un proceso paso a paso, con formatos, prompts de IA y señales claras de avance. No es un requisito para aplicar lo que leerás aquí. Es un acelerador para quien quiere construirlo con más velocidad y menos error de ruta.

Lo que sí te pido es una cosa: no leas esto para entenderlo. Léelo para aplicarlo. El caos no desaparece con conocimiento. Desaparece con método, consistencia y acción.

Empecemos.

Parte 1. El Sistema Operativo Autónomo

El Concepto: ¿Qué es un Sistema Operativo?

"Si no puedes describir lo que haces como un proceso, no sabes lo que estás haciendo."

— W. Edwards Deming

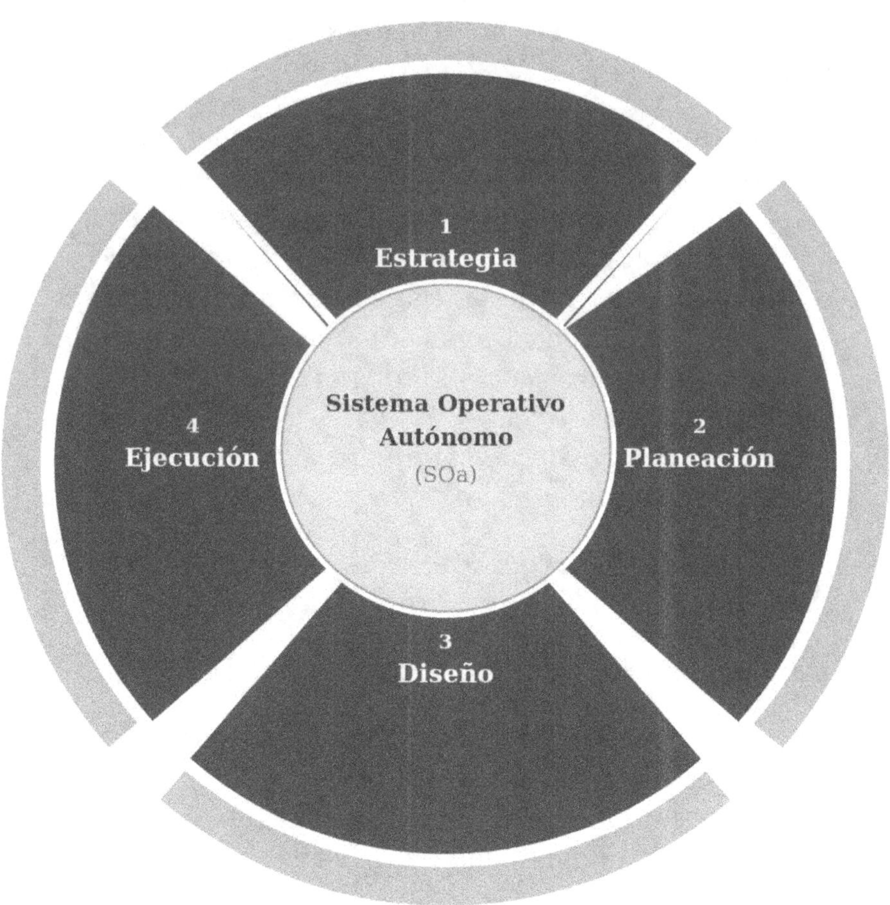

Capítulo 1. El problema del ejecutivo

Existe un problema que aparece en todas las organizaciones, en todos los sectores, en todos los niveles jerárquicos. No es un problema de talento ni de compromiso. Es un problema que los ejecutivos reconocen en cuanto lo ven descrito, pero que rara vez admiten mientras lo están viviendo.

Cada año, miles de ejecutivos entran a un nuevo rol. Algunos lo buscan. Otros lo reciben. Y muchos heredan problemas que nadie más quiso resolver. No es algo extraordinario. Es parte del juego.

> *Watkins estudió cientos de transiciones de liderazgo y documentó que los primeros noventa días en un nuevo rol son el período más determinante — y más vulnerable — de la carrera de un ejecutivo. Los líderes que fallan en ese momento no lo hacen por falta de talento sino por falta de método para navegar el cambio: nuevas responsabilidades, nuevos equipos y nuevas reglas del juego que ninguna experiencia anterior garantiza saber leer correctamente.*
>
> *--- Michael Watkins, The First 90 Days (Harvard Business Review Press, 2003)*

Y sin ese método, la mayoría cae en el mismo patrón.

Llegan con energía, con ideas claras y con la determinación de hacer las cosas diferente. Los primeros meses son de aprendizaje intenso: reuniones, presentaciones, diagnósticos, conversaciones con el equipo. La sensación de que algo está por cambiar.

Pero al poco tiempo llega una revelación incómoda. Las urgencias no desaparecen: se multiplican. Los problemas que esperaban resolver se van acumulando con otros nuevos. El equipo sigue dependiendo de ellos para casi todo. Y la sensación de control que imaginaban al llegar se convierte en la sensación opuesta: todo requiere su presencia, su criterio, su firma.

Lo que imaginaban como liderazgo se convirtió en la jaula más exigente que han tenido. Porque no se convirtieron en líderes de un área. Se convirtieron en el cuello de botella de ella.

La diferencia entre un ejecutivo que lidera y uno que opera no está en su talento ni en su compromiso. Es sistémica. El ejecutivo que lidera construye un sistema que opera sin que él sea el centro de cada decisión. El ejecutivo que opera construye una dependencia que no puede soltar. Y mientras no exista un método que sostenga la operación, no importa cuánto talento tenga la persona: el área no escala, no descansa y no sobrevive a su ausencia.

> *Kaplan y Norton, en su investigación publicada en Harvard Business Review, documentaron que el 90% de las organizaciones falla en ejecutar su estrategia. El 95% de los colaboradores no puede describir la estrategia de su organización. El 60% de las organizaciones no conecta su estrategia con el presupuesto. La conclusión es directa: el problema rara vez es la estrategia. El problema es el sistema de ejecución.*
>
> *— Robert S. Kaplan y David P. Norton, Harvard Business Review (2000)*

Este fenómeno ocurre todos los días dentro de las organizaciones más grandes del mundo, en cada piso ejecutivo donde un director lleva años siendo el centro de todo.

El ejecutivo que no tiene un sistema con el que pueda asegurar la ejecución de un plan será, invariablemente, un ejecutivo que no cumple. No porque le falte inteligencia. No porque no trabaje duro. Sino porque el esfuerzo sin método es energía sin dirección. Se dispersa, se agota y no deja huella.

Lo viví en carne propia.

En mi primer rol como CIO, llegué con todo el compromiso del mundo. Quería dar resultados a toda costa. Buscaba nuevas estrategias constantemente, exigía al equipo, me metía en cada detalle, como dicen, hacía micromanagement. Terminaba agotado al final de cada semana, y mi equipo también lo resentía, aunque nadie lo dijera en voz alta.

Los números no mentían: mucho movimiento, pocos resultados sostenidos. Podía empujar durante un sprint, pero no podía mantener el ritmo. Y cuando yo bajaba la guardia, el área bajaba con ella.

Fue entonces cuando entendí que el problema no era el equipo. El problema era que no tenía un sistema. Tenía voluntad, tenía energía, tenía incluso buenas ideas. Pero no tenía un método que sostuviera la ejecución más allá de mi presencia y mi empuje personal.

Empecé a buscar respuestas. Leí sobre metodologías de ejecución, marcos estratégicos, modelos de gestión. Uno me marcó especialmente: Las 4 Disciplinas de la Ejecución (4DX). Me atrapó por su claridad, foco en lo que más importa, un tablero de resultados visible y reuniones periódicas de rendición de cuentas. Era simple. Y funcionaba.

Pero tenía un límite. Era poderoso para ejecutar, pero no respondía preguntas más amplias: ¿cómo defines la estrategia correcta antes de ejecutar? ¿Cómo gestionas los problemas que inevitablemente aparecen en el camino? ¿Cómo estructuras el equipo para que el sistema no colapse cuando alguien sale?

Seguí buscando. Leí más métodos, los probé, los rompí, aprendí de sus fallas. Y llegué a la conclusión que no existía un método completo. Cada uno resolvía una parte del problema, pero ninguno lo resolvía todo.

Así que comencé a construir el propio.

Un método que arrancara desde donde todo debe arrancar: la estrategia. Que pasara por la ejecución. Que midiera lo correcto en lugar de medirlo todo. Que tuviera un proceso claro para atender las excepciones y los problemas que inevitablemente aparecen en cualquier operación. Y que, sobre todo, funcionara sin depender de que yo estuviera presente para que todo saliera bien.

Este método es el que llamo Sistema Operativo Autónomo (SOa).

Y en los siguientes capítulos te voy a mostrar cómo funciona.

Tres ejecutivos. Una historia que conoces

A lo largo de este libro vas a conocer a tres ejecutivos. Sus nombres son ficticios, pero sus historias son reales — porque en algún momento de mi carrera, yo fui cada uno de ellos. Manuel primero. Fernando después. Y con el tiempo, con errores suficientes y método suficiente, algo parecido a María.

Manuel, el director que nunca se va

Lleva más de quince años al frente de una empresa de manufactura con operaciones en todo el país. Es inteligente, comprometido y tiene una capacidad de resolución de problemas que impresiona a cualquiera. Su oficina está encendida a las 10 de la noche. Entra al detalle de cada tema, identifica el problema y lo resuelve. Rápido, bien, sin depender de nadie. Ahí está el problema: lo resuelve él. Solo él. Siempre él. El equipo aprendió a esperar a que Manuel llegue antes de moverse. Y Manuel aprendió que sin él, nada avanza. Él y su equipo están atrapados en el mismo ciclo sin saberlo.

Fernando, el director que convirtió el método en una camisa de fuerza

Entendió antes que la mayoría que su organización necesitaba un método. Lo diseñó con ambición y lo implementó con determinación. Empezó bien: redujo prioridades, clarificó indicadores, instaló un ritmo de reuniones que el área nunca había tenido. Pero en algún momento del camino, algo se invirtió. El método dejó de ser una herramienta para convertirse en el objetivo. Los equipos lo usaban, sí, pero no porque les ayudara a dar resultados — lo usaban porque alguien los estaba auditando. Fernando construyó un sistema cada vez más preciso que medía su propio funcionamiento, hasta que ya nadie podía decirle si ese funcionamiento le importaba al negocio.

María, la directora que construyó un modelo que vive sin ella

Llegó a dirigir un área que nadie quería: resultados inconsistentes, equipo desmotivado, procesos inexistentes. Diseñó cómo debía operar: cómo atender al cliente interno, cómo medir el resultado, cómo estructurar al equipo. Lo documentó. Lo estandarizó. Y cuando ese primer modelo funcionó, comenzó a replicarlo en cada subequipo. Hoy su área opera con consistencia en múltiples frentes simultáneos. Ella no finaliza su día a las 10 de la noche. No resuelve cada incidente. No es el cuello de botella. Es la arquitecta de un sistema que sigue funcionando cuando ella no está mirando, y eso le libera el tiempo y la energía mental para construir lo que sigue.

¿Con cuál de los tres te identificas hoy? La respuesta honesta a esa pregunta es el mejor punto de partida para lo que sigue.

Capítulo 2. Sistema Operativo Autónomo

Para quienes venimos del mundo de la tecnología, el término sistema operativo es tan familiar como el café de la mañana. El primero que muchos conocimos fue el MSDOS, aquel software de pantalla negra y letras verdes que permitía sacarle provecho a una computadora para hacer diferentes funciones. Después llegó Windows, con su interfaz visual y la posibilidad de ejecutar otros programas. Otros siguieron: Linux, iOS, Android. Cada uno distinto en forma, pero idénticos en propósito.

¿Y cuál es ese propósito? Podemos simplificarlo así: un sistema operativo es el software que permite aprovechar un dispositivo para ejecutar muchas funciones distintas. Sin él, la computadora solo haría una cosa. Necesitarías una máquina diferente para cada tarea. El sistema operativo es lo que convierte un hardware especializado en una plataforma versátil.

Ahora traslademos ese concepto al mundo de las organizaciones.

Sin un Sistema Operativo, cada objetivo que persigues requiere un enfoque distinto, un proceso diferente, una forma nueva de organizarte. Todo depende de quién esté, de qué tan buena memoria tenga, de cuánta energía traiga ese día. El Sistema Operativo Autónomo (SOa) resuelve eso: te da un proceso estándar para que todos los objetivos, sin importar cuáles sean, sigan el mismo camino de ejecución y lleguen a un resultado.

Así como Windows no fue diseñado para un solo programa, el SOa no fue diseñado para un solo objetivo. Es la plataforma sobre la cual corren todos.

¿Para quién aplica?

Esta es la pregunta que más me hacen cuando explico el concepto, y la respuesta siempre sorprende: aplica para cualquiera.

No importa si diriges una empresa de manufactura, una cadena de retail, un banco, o simplemente el área de tecnología de una organización grande. No importa si tu equipo tiene diez personas o dos mil. El SOa te da el paso a paso para asegurar el cumplimiento de un objetivo, y ese proceso no cambia según la industria ni según el tamaño.

Lo que sí cambia es la escala. Si el objetivo es pequeño, el resultado será proporcional. Si ese mismo objetivo lo vuelves más grande, los resultados crecen con él. El método es el mismo. La ambición es tuya.

Cuando el método se convierte en el problema

Me tocó vivir de cerca algo que parece paradójico: una empresa que se obsesionó tanto con tener un Sistema Operativo, que el sistema terminó destruyendo lo que pretendía construir.

La intención era buena. Querían que todos operaran de la misma manera. Definieron con precisión qué debía hacerse cada día, qué herramientas utilizar, qué información revisar para tomar decisiones. En la teoría sonaba impecable. En la práctica fue un desastre silencioso.

El colaborador usaba el método, sí. Pero no porque le ayudara. Lo usaba porque alguien lo estaba auditando. Y esa auditoría se convirtió en una calificación. Y esa calificación terminó en su evaluación de desempeño. El sistema operativo dejó de ser una herramienta para convertirse en el objetivo mismo. Ya no importaba si se cumplían los resultados del negocio. Importaba si se había llenado el formato correcto y de la manera correcta.

Llegaron al extremo más absurdo: ejecutivos brillantes convertidos en soldados que seguían instrucciones sin pensar. Y un ejecutivo que no piensa no es un activo. Es un riesgo.

Esa experiencia me enseñó una de las lecciones más importantes de este libro: un sistema demasiado rígido no libera a la organización. La paraliza.

El punto medio está en entender que el SOa debe ser una guía, no una cadena. Debe darle al ejecutivo un marco de referencia para tomar mejores decisiones, no reemplazar su criterio. Hay puestos operativos donde la estandarización total tiene sentido. Pero en un rol ejecutivo, la rigidez mata lo que más necesitas: el juicio, la adaptación, el pensamiento.

Y algo más: la velocidad de adopción no es la misma en todas las organizaciones. Una empresa acostumbrada a trabajar con procesos puede adoptar el método en semanas. Una organización grande, sin cultura de procesos, puede tardar años. El SOa debe implementarse al ritmo que la cultura de la empresa lo permita absorber. Forzarlo es el camino más rápido al fracaso.

El error más común: diseñar sin ejecutar

La ejecución es, sin duda, una de las mayores debilidades de los ejecutivos y las empresas. Podemos planear con maestría y ejecutar con mediocridad, y el resultado siempre será mediocre.

Pero hay un error anterior, uno que ocurre incluso antes de ejecutar: diseñar mal lo que vas a ejecutar bien.

Hacer de manera correcta algo que está mal definido no genera ningún valor. Si la estrategia es equivocada, la disciplina de ejecución solo te llevará más rápido en la dirección incorrecta.

Por eso el SOa no empieza en la ejecución. Empieza en el diseño. En definir correctamente el qué antes de obsesionarse con el cómo. Y luego, con la misma disciplina, convierte ese diseño en realidad.

Esa es la promesa del método: no solo te dice qué hacer. Te dice cómo pensarlo y cómo sostenerlo en el tiempo.

El Sistema Operativo Autónomo (SOa) no es un plan

Es importante detenerse en una distinción que parece obvia pero que muchos equipos confunden en la práctica: el SOa no es el conjunto de planes, documentos y presentaciones que produce tu área. Es el mecanismo que convierte esos planes en resultados reales.

Sin el SOa, un objetivo puede terminar en acciones aisladas: un proyecto de infraestructura aquí, una reunión de seguimiento allá, un reporte mensual que nadie revisa. Cada líder ejecuta de forma distinta, según su criterio y su energía del momento. El resultado es impredecible.

Con un SOa, el proceso es claro. El objetivo se define con indicadores medibles. Se identifican las prioridades que impactan ese objetivo. Se diseñan iniciativas específicas para mover esos indicadores. Se revisa semanalmente el avance. Se ajusta la estrategia cuando los resultados no se mueven en la dirección esperada. El resultado es que todos los objetivos siguen el mismo camino de ejecución, sin importar si se trata de ventas, operaciones o tecnología.

Un buen SOa no reemplaza al liderazgo. Lo amplifica. No elimina la necesidad de pensar. Hace que el pensamiento produzca resultados.

Lo que cambia cuando existe el sistema

Hay una transformación que ocurre en las organizaciones que construyen un SOa sólido, y que los líderes que lo viven coinciden en algo: el área deja de sentirse como una carrera permanente contra el tiempo. Las conversaciones dejan de girar alrededor de apagar incendios y empiezan a girar alrededor de cómo mejorar.

El ejecutivo deja de ser el único que sabe cómo se hacen las cosas y empieza a ser el arquitecto de un sistema que funciona con o sin él. El equipo deja de esperar instrucciones y empieza a tomar decisiones dentro del marco que el sistema les da.

Eso no ocurre de la noche a la mañana. Ocurre por fases: al definir la estrategia, al definir los planes, en el diseño de tu operación, y finalmente en la ejecución. Cada fase es necesaria. Ninguna sobra. Y cuando las cuatro están en su lugar, algo cambia: el éxito del área deja de depender de esfuerzos heroicos y empieza a depender de un sistema que funciona.

Por qué este libro y no los que ya tienes

Seré directo. Si conoces Las 4 Disciplinas de la Ejecución (4DX), OKRs, Tracción (EOS), la pregunta es legítima. Esta sección existe para responderla de frente, porque si no la respondo aquí, el lector escéptico la contestará solo —y probablemente cerrará el libro.

Empecemos por los métodos que más se parecen al SOa y expliquemos con precisión por qué son distintos.

El Sistema Operativo Autónomo (SOa) vs. Las 4 Disciplinas de la Ejecución (4DX)

4DX es uno de los mejores marcos de ejecución que existe. Su lógica de Metas Crucialmente Importantes, tablero de indicadores predictivos y cadencia de rendición de cuentas semanal es poderosa. Funciona.

El problema es que 4DX asume que ya sabes qué ejecutar. Empieza en el momento en que ya tienes la estrategia. Lo que no dice es cómo construirla, ni cómo estructurar el equipo para ejecutarla, ni qué hacer cuando los procesos operativos no están documentados y la ejecución depende del criterio de cada persona.

4DX es excelente para ejecutar bien lo que ya decidiste. El SOa te dice cómo decidir qué ejecutar y cómo construir el sistema que lo sostenga cuando tú no estés.

El Sistema Operativo Autónomo (SOa) vs. Tracción (EOS)

Tracción, basado en el Entrepreneurial Operating System de Gino Wickman, es un método sólido. Tiene claridad de visión, reuniones estructuradas, rendición de cuentas.

Sin embargo, el SOa va más atrás y más adelante al mismo tiempo.

Va más atrás porque empieza en el diseño: ¿para qué existe el área?, ¿qué prioridades estratégicas debe atender?, ¿qué capacidades necesita desarrollar para que esas prioridades mejoren sostenidamente?

Va más adelante porque incluye un ciclo completo que EOS no cierra: Estrategia → Planeación → Diseño → Ejecución. EOS te ayuda a Ejecutar con más orden. El SOa te dice cómo construir una Estrategia, convertirla en Planes, Diseñar tu operación y Ejecutar.

El Sistema Operativo Autónomo (SOa) vs. OKRs

Los OKRs son una metodología eficaz para alinear objetivos en equipos ágiles que ya tienen cultura de medición y claridad estratégica. Google los popularizó. Muchas empresas tecnológicas los usan con éxito.

Pero los OKRs asumen tres condiciones previas que en la mayoría de los entornos corporativos no existen: que el equipo ya sabe medir, que los procesos ya están documentados y que hay una cadencia de revisión instalada. Sin esas tres condiciones, los OKRs se convierten en una lista de aspiraciones bien redactadas que se revisan dos veces al año.

El SOa construye esas tres condiciones antes de proponer ninguna metodología de objetivos. El BSC completo, con sus cuatro dimensiones y sus indicadores de resultado e indicadores de proceso, le da a los OKRs el suelo firme que necesitan para funcionar de verdad.

Lo que hace único al Sistema Operativo Autónomo (SOa)

La diferencia no es que este método sea mejor en una dimensión. Es que cubre el ciclo completo que ninguno de los anteriores cubre solo.

> *El ciclo completo del SOa: Estrategia (¿para qué existe el área y hacia dónde va?) → Planeación (iniciativas, planes) → Diseño (Procesos, Estructura, BSC con cuatro dimensiones, indicadores de resultado y de proceso) → Ejecución (ritmo de reuniones, rendición de cuentas, gestión por excepción y métodos para gestionar mejor). Cada dimensión se conecta con la siguiente. Ninguna sobra.*

El SOa está construido para un contexto que los otros métodos no atienden con la misma precisión: organizaciones grandes y complejas, donde el director de área no controla todo, donde hay dependencias internas difíciles, donde la política organizacional es real, y donde el verdadero reto no es ejecutar una sola meta sino hacer que toda una área —con decenas o cientos de personas— opere con consistencia sin depender de que el líder esté presente en cada decisión.

Eso es lo que construye el SOa: no un plan que se ejecuta. Un sistema que opera.

Capítulo 3. Mi historia con el Sistema Operativo Autónomo

Llevo más de 20 años trabajando en empresas importantes de México. Mi carrera ha estado vinculada al mundo de la tecnología, pero hace tiempo llegué a una conclusión que cambió mi forma de ver el trabajo: no importa en qué área estés, la problemática es siempre la misma. Todas las áreas buscan mejorar de manera constante, todas quieren dar mejores resultados, y todas enfrentan el mismo obstáculo: no tienen un método claro para lograrlo de forma sostenida.

Esa conclusión no llegó de un día para otro. Llegó después de años de experiencia, de errores, de libros, de métodos probados y rotos, y de una búsqueda que todavía no termina.

El primer libro y el primer límite

El fracaso más costoso de mi carrera no llegó de golpe. Llegó después de dos años de trabajo.

Estábamos implementando Oracle EBS en todas las plantas productivas de la empresa para la que trabajaba. Un proyecto de envergadura real: millones de dólares de inversión, años de planeación, cientos de personas involucradas. La salida en vivo estaba diseñada para que todas las plantas arrancaran con el nuevo sistema al mismo tiempo. Parecía la decisión correcta. Parecía eficiente.

El día del arranque, todo lo que podía salir mal, salió mal.

Recuerdo exactamente dónde estaba cuando entendí que no era un problema menor. Eran las once de la noche del primer día y el número de incidencias abiertas no bajaba, subía. Procesos que tardaban el triple de lo normal. Inventarios descuadrados en múltiples plantas simultáneamente. Operaciones detenidas esperando que alguien resolviera algo que nadie había anticipado porque nadie lo había diseñado.

Esas semanas fueron el estado permanente de emergencia más sostenido de mi carrera: quince horas diarias, fines de semana incluidos, apagando incendios que se multiplicaban más rápido de lo que los extinguíamos. Y con cada día que pasaba, la certeza de lo que se venía se hacía más difícil de ignorar. Semanas después, tomamos la decisión más difícil del proyecto: regresar a los sistemas anteriores. Conciliar inventarios. Reconstruir transacciones. Volver a poner a operar la empresa desde cero.

La inversión se canceló. Varios millones de dólares, prácticamente a la basura.

Ese fue el momento en que entendí algo que cambiaría el resto de mi carrera: no había fallado por razones que yo hubiera podido predecir. Había fallado por falta de método. Nadie en el equipo tenía claro cómo se gestionaba un proyecto de esa magnitud de forma estándar. Cada quien lo resolvía como podía, con la experiencia que tenía, con el criterio del momento. Y cuando todo eso se juntó en el día más crítico, el sistema colapsó.

Lo que siguió fue distinto. Documenté la mejor práctica de gestión de proyectos. La convertí en un método. Lo implementé con el equipo. Y arrancamos de nuevo, ahora con SAP.

El resultado no pudo haber sido más diferente: entregamos dentro del tiempo acordado, con el alcance definido, con un costo menor al proyectado originalmente.

La diferencia no fue el sistema tecnológico. Fue el método con el que lo ejecutamos.

Ese aprendizaje terminó convirtiéndose en mi primer libro publicado, Método para proyectos exitosos: Una guía rápida para emplear la metodología de administración de proyectos. Y también plantó la semilla de una pregunta que me perseguiría durante años: si el método funcionaba para proyectos, ¿por qué no existía algo equivalente para la operación diaria?

Construyendo el método a base de piezas

Comencé a investigar y a aprender de todo lo que encontré. Aprendí sobre tableros de control y la importancia de medir lo correcto. Interioricé una frase que hasta hoy sigue siendo verdad: lo que no se mide no se puede mejorar. Profundicé en métodos para Ejecución, que me enseñaron cómo mantener el foco y la consistencia cuando la operación diaria amenaza con absorber todo el tiempo y la energía. Estudié métodos para la definición de estrategias, marcos para priorizar, modelos para estructurar equipos. Y comencé a conectar las piezas: tomé lo mejor de cada uno, lo probé en contextos reales, descubrí qué funcionaba y qué no, y fui construyendo algo propio. Un método que respondiera las preguntas que los otros dejaban sin contestar.

A eso lo llamé Sistema Operativo Autónomo (SOa).

La primera señal de que algo estaba cambiando

El SOa no llegó completo de un día para otro. Llegó en partes, y la primera señal de que algo estaba cambiando fue pequeña, casi discreta.

Empecé con dos elementos básicos: un plan trimestral para el equipo y un tablero de indicadores semanales. Nada sofisticado. Nada que tomara semanas construir.

Lo que ocurrió en las semanas siguientes fue lo que no esperaba: la microadministración comenzó a desaparecer sola.

Antes, yo era el punto de referencia de todo. El equipo llegaba a preguntarme qué priorizar, cómo resolver, qué era urgente y qué podía esperar. Con el tablero y el plan trimestral en la mesa, esas preguntas dejaron de llegar. Cada persona tenía claridad de qué se esperaba de ella esa semana. Cada persona sabía hacia dónde iba el trimestre.

No fue una transformación dramática. Fue una reunión semanal donde el equipo llegó preparado sin que yo se los pidiera. Fue una decisión que tomaron solos, correctamente, sin consultarme.

Ese fue el momento en que supe que el método no era solo una idea. Era algo que podía funcionar.

Un método que nunca ha sido perfecto, y eso está bien

Sería deshonesto decirte que el método llegó completo desde el inicio. No fue así. Ha pasado por un proceso de afinación constante, y sigue pasando por él hoy. Hay componentes que se han refinado con el tiempo, otros que se han eliminado, y algunos que todavía tienen espacio para evolucionar.

Esa imperfección es intencional.

Recuerda la historia que te conté en el capítulo anterior: la empresa que convirtió su sistema operativo en una camisa de fuerza. Ese error nace precisamente de creer que el método puede y debe estar completamente definido. Que si dejas espacios abiertos, la gente los llenará mal.

Mi experiencia me enseñó lo contrario. Los márgenes de decisión — esos momentos donde el proceso no dicta exactamente qué hacer — no son el enemigo de la consistencia. Son donde vive el criterio. Son donde el ejecutivo deja de ejecutar instrucciones y empieza a pensar. Rellenar cada espacio del método no produce un equipo más confiable, produce un equipo más obediente. Y la obediencia sin criterio propio es lo último que necesita un área que quiere crecer.

Estoy convencido de que los componentes que hoy conforman el SOa son los más relevantes para cumplir objetivos en cualquier contexto. Han sido probados, rotos y reconstruidos en situaciones reales, con equipos reales, bajo presión real.

En los años que llevo usando este método, lo he visto funcionar en equipos de dos mil quinientas personas y en áreas de cuatro. Lo he visto instalado por directores con décadas de carrera y por gerentes de treinta años que acaban de tener su primer reporte directo. Lo que cambia es la escala de las herramientas, no su lógica. Un plan trimestral para un equipo de cinco toma una tarde. Para un equipo de cien, una semana. El principio que lo sostiene es idéntico.

La lección más importante: la consistencia lo es todo

> *Clear argumenta que los cambios significativos no vienen de transformaciones dramáticas sino de mejoras pequeñas y consistentes acumuladas en el tiempo. El uno por ciento de mejora diaria produce resultados extraordinarios a largo plazo, no porque cada acción individual importe, sino porque cada acción refuerza la identidad de la persona o la organización que quiere convertirse en algo diferente.*
>
> *--- James Clear, Hábitos Atómicos (Penguin Random House, 2018)*

Eso aplica igual para una empresa o un área.

Ser la empresa líder del mercado es el resultado de lo que haces cada semana, cada mes, cada trimestre — no de lo que declaras en la misión. El SOa es precisamente ese cambio hecho hábito. Es el método que convierte las intenciones estratégicas en acciones concretas, sostenidas en el tiempo, que se acumulan hasta producir resultados que antes parecían imposibles.

La consistencia no es glamorosa. No genera titulares. No se celebra en una conferencia. No hace al líder popular. Pero es la diferencia entre las organizaciones que cumplen y las que siempre están a punto de cumplir.

Ese es el principio que sostiene todo lo que viene en los siguientes capítulos.

El experimento más revelador

La prueba más clara de que el método funcionaba no llegó en una sala de juntas. Llegó cinco años después, cuando tomé una decisión que cambió el rumbo de mi carrera. Me moví a una nueva organización con un desafío mucho mayor que cualquier cosa que había enfrentado antes: liderar un área de TI con más dos mil quinientas personas, con sistemas críticos que operan las veinticuatro horas del día, con clientes internos exigentes y con una presión constante por resultados visibles.

Hice lo único que tenía sentido: apliqué el SOa. No perfectamente. No de golpe. Como siempre: en partes, ajustando en el camino, aprendiendo de lo que no funcionó y conservando lo que sí. Los resultados llegaron. Más rápido de lo que esperaba.

Lo que no cuento siempre, y que hace la historia más reveladora, es lo que tenía en paralelo cuando entré a ese rol. Unos años antes de incorporarme, había arrancado un pequeño negocio inmobiliario de rentas. Una idea de construir algo propio mientras seguía en el mundo corporativo. El problema era el de siempre: el tiempo. En mis trabajos anteriores, dar resultados me consumía todo. No quedaba espacio para nada más allá de la operación.

Esta vez decidí hacer el experimento al revés. En lugar de entregarme de lleno al trabajo nuevo y posponer el negocio para "cuando se estabilice todo", que nunca llega, me propuse aplicar el método desde el primer día precisamente para no tener que elegir entre los dos. No para trabajar menos. Para trabajar diferente.

Lo que descubrí fue incómodo en el mejor sentido: los resultados en mi nueva empresa llegaron más rápido que en cualquiera de mis roles anteriores, donde me había esforzado mucho más en términos de horas y energía invertida. No fue el esfuerzo lo que marcó la diferencia. Fue tener un proceso bien ejecutado, con claridad de prioridades, un equipo alineado y un sistema que operaba aunque yo no estuviera presente en cada decisión. Mientras mi negocio tomaba forma por las noches y los fines de semana, el área avanzaba sola durante el día.

Eso me confirmó algo que no tenía evidencia tan directa antes: el SOa no solo resuelve el caos del trabajo. Te devuelve dueñez de tu tiempo. Y esa dueñez es lo que hace posible construir más de una cosa a la vez.

Lo que más me convence no es el tamaño de los equipos donde lo he aplicado. Es la consistencia de los resultados: funciona igual en una dirección de cincuenta personas que en una operación de miles. Funciona en tecnología, en operaciones, en finanzas, en talento. No porque el método sea universal en su forma, sino porque resuelve un problema universal en su fondo.

Eso me da la certeza para decirte algo sin reservas: no importa si tienes un equipo de diez personas o de diez mil. No importa si lideras una dirección funcional, una gerencia regional o la operación completa de una gran organización. El SOa es aplicable. Y funciona.

Parte 2. Estrategia

Estrategia: El norte que orienta las decisiones

"La esencia de la estrategia es elegir qué no hacer."

— Michael Porter

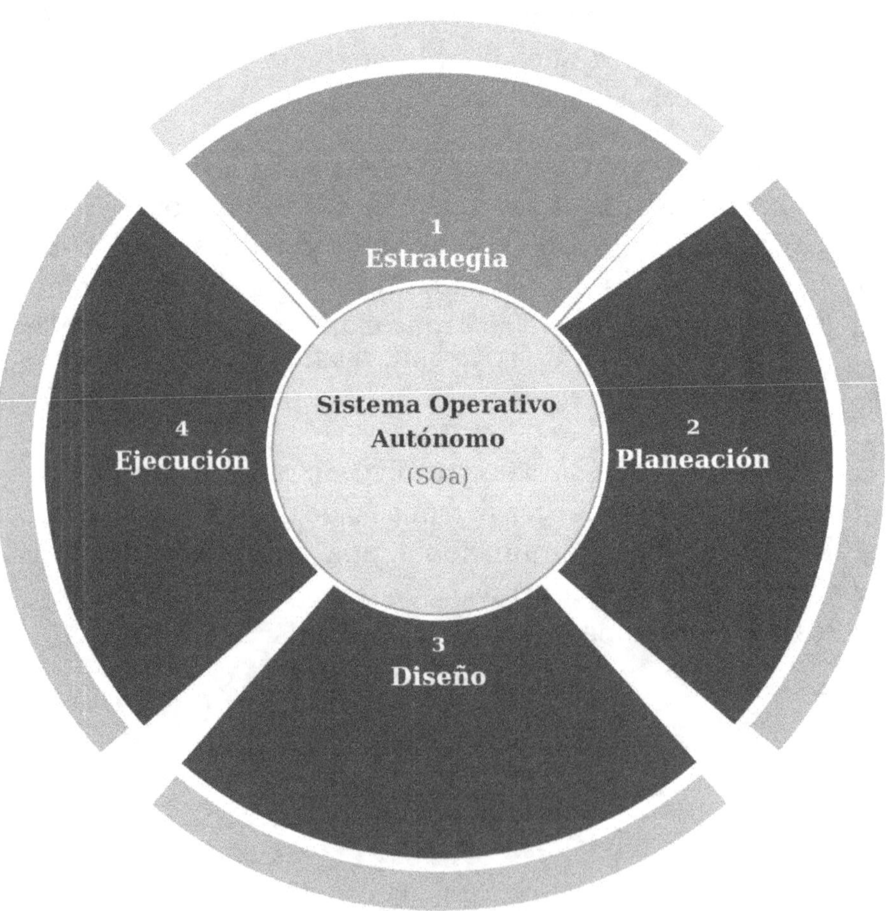

Capítulo 4. Misión, Visión y el norte del negocio

Hay una pregunta que todo ejecutivo debería poder responder en menos de treinta segundos, sin pensarlo demasiado, sin buscar en una presentación guardada en alguna carpeta olvidada del servidor: ¿para qué existe tu área? En el Sistema Operativo Autónomo (SOa), la misión y la visión son el punto de partida de todo: lo primero que se activa antes de que cualquier otra cosa cobre sentido. Sin ellas, el sistema puede operar, pero no sabe hacia dónde va.

No para qué existe la empresa. Para qué existe tu área específicamente. Qué valor aporta. Qué pasaría si mañana desapareciera. Por qué los demás departamentos la necesitan.

Si la respuesta tarda más de treinta segundos, o si cada miembro de tu equipo daría una respuesta distinta, hay un problema. No de talento, no de actitud. De dirección.

Manuel llevaba quince años dirigiendo el área. Si alguien le preguntaba para qué existía, respondía sin dudar: "Para que las cosas funcionen." Era una respuesta honesta. También era la razón por la que nadie en su equipo podía tomar una sola decisión sin consultarlo. Porque "que las cosas funcionen" no es un norte. Es una descripción de ocupación. Manuel no tenía una misión escrita porque creía que él era la misión. Lo que no había visto todavía era que el día que él se fuera, el área no sabría para qué existía.

La misión: el motivo de existir

La misión es la razón por la que el área existe. No en términos administrativos, sino en términos de valor real. Describe lo que hacen todos los colaboradores cuando están en su mejor versión, el impacto que generan con sus acciones del día a día.

Una misión que solo vive en la pared de la sala de juntas ya fracasó. La que funciona es la que cualquier persona del equipo puede explicar cuando alguien le pregunta para qué existe el área. Es la respuesta que debe existir antes de que alguien pregunte: "¿y esto que estoy haciendo hoy, para qué sirve?" Sin esa respuesta disponible, cada persona del equipo opera con su propia versión de lo que importa.

Si tu misión no está documentada y escrita, es como si no supieras para qué estás en la organización. Y si tú no lo sabes, tu equipo tampoco.

La visión: el reto que te obliga a crecer

Si la misión responde al para qué, la visión responde al hacia dónde. Es lo que quieres lograr, en qué te quieres convertir. No en los próximos meses, sino en un horizonte más lejano que te obligue a ser mejor de lo que eres hoy.

Una visión bien construida tiene que ser retadora. Si al leerla no sientes un poco de incomodidad, probablemente no está siendo honesta con el potencial del área. La primera visión que escribí en una de mis áreas me pareció demasiado ambiciosa. Mi equipo la leyó y uno de ellos dijo: "¿Y eso cómo lo vamos a lograr?" Era exactamente la pregunta correcta. Una visión imposible no inspira, desmoraliza. Pero una visión que nadie cuestiona tampoco mueve a nadie. Un equipo sin destino creíble no se detiene a mitad del camino. Nunca empieza.

Operar sin norte: manejar sin saber a dónde vas

He visto equipos altamente capaces, con gente talentosa, con recursos suficientes, que aun así no avanzan. Se mueven mucho, trabajan mucho, pero al final del trimestre los resultados no reflejan el esfuerzo. Y la razón, casi siempre, es la misma: no tienen claro a dónde van.

Es como manejar sin destino. Puedes hacerlo durante horas, cambiar de calle, tomar autopistas, avanzar kilómetros, y al final del día no estar más cerca de ningún lugar que importe. El movimiento sin dirección no es progreso. Es desgaste.

Una misión y visión claras no garantizan el éxito, pero sí garantizan algo igual de valioso: que cada decisión, cada iniciativa, cada esfuerzo tenga un criterio para evaluarse. ¿Nos acerca a donde queremos llegar? Si la respuesta es sí, adelante. Si no, hay que replantearlo.

> *Martin y Lafley argumentan que la estrategia no es un plan ni una visión: es un conjunto de elecciones integradas que definen dónde competir y cómo ganar en ese campo específico. La elección más difícil no es cómo ganar — casi todos los ejecutivos tienen respuesta para eso. Es dónde no jugar: la renuncia explícita a los frentes que conscientemente se dejan fuera porque ninguna organización puede ser excelente en todo al mismo tiempo.*
>
> *--- Roger Martin y A.G. Lafley, Playing to Win (Harvard Business Review Press, 2013)*

Lo que yo he visto en la práctica es que la segunda pregunta —cómo ganar— casi siempre tiene respuesta. Los directores saben qué quieren mejorar, qué procesos necesitan optimizar, qué metas quieren alcanzar. Lo que les cuesta es la primera: dónde no voy a jugar. La renuncia explícita. El frente que conscientemente dejas fuera porque no puedes estar en todos al mismo tiempo.

Sin esa renuncia, el área no tiene norte. Tiene una lista de prioridades que son, en realidad, una lista de todo. Y cuando todo es prioridad, el director se convierte en el único filtro posible. Nace, muchas veces, de la falta de claridad estratégica del líder. Cuando no está claro a dónde va el área, nadie puede decidir sin él.

Objetivos a 3-5 años: pensar en grande con los pies en la tierra

La misión y la visión dan el norte. Los objetivos a 3-5 años lo convierten en algo que el equipo puede perseguir sin que tú tengas que recordarles todos los días hacia dónde van.

El error más común no es pensar en pequeño. Es pensar en grande sin anclar. Objetivos que suenan poderosos en una presentación pero que nadie sabe cómo traducir en decisiones concretas. El equipo los escucha, aplaude y al día siguiente sigue haciendo exactamente lo mismo que hacía antes.

Los objetivos a 3-5 años bien definidos hacen tres cosas: le dan al equipo un horizonte lo suficientemente lejano para que valga la pena esforzarse, lo suficientemente cercano para que se sienta posible, y lo suficientemente concreto para que cualquier persona pueda usarlo como criterio de decisión. ¿Esta iniciativa nos acerca o nos aleja? Esa pregunta solo tiene respuesta si los objetivos son reales.

No son la estrategia. Son la prueba de que la estrategia existe.

Cómo se ve una misión bien escrita

Para que la distinción sea concreta, tomemos un ejemplo simple. Imagina un área de servicio al cliente. Una misión débil podría decir: "Atender a nuestros clientes con calidad." Suena correcta, pero es tan genérica que podría describir a cualquier área de cualquier empresa. No orienta ninguna decisión, no define ningún énfasis, no le dice a nadie qué hace esta área de forma diferente.

Una misión más poderosa podría ser: "Resolver los problemas del cliente en el primer contacto, de forma rápida y sin fricción, para que continúen eligiendo operar con nosotros." La diferencia es inmediata. La primera describe un proceso. La segunda describe el impacto que el área busca generar y el resultado que importa al cliente.

Las misiones mal construidas suelen tener tres características. Son demasiado genéricas: "ser líderes en nuestro sector" no define nada. Están llenas de palabras vacías: "generar valor para nuestros stakeholders a través de soluciones innovadoras" dice muy poco. Y no describen ningún impacto real: después de leerlas, nadie puede explicar claramente qué hace el área ni por qué existe.

Una misión bien escrita debería permitir que cualquier persona del equipo responda con claridad: qué hace el área, para quién lo hace y qué problema resuelve. Si no puede, la misión necesita trabajo.

Cómo construir una misión clara

Un método simple es completar esta frase: "Esta área existe para [verbo de impacto] [qué resultado generamos] para [quién lo generamos]." Por ejemplo: "Esta área existe para garantizar que la tecnología opere de forma confiable y segura, para que las operaciones del negocio nunca se detengan por problemas de sistemas."

En una sola oración queda claro qué hace el área, para quién lo hace y por qué importa. Ese es el nivel de precisión que necesita una misión ejecutiva.

La visión: ambiciosa y concreta al mismo tiempo

Si la misión define el presente, la visión define el futuro que el área quiere construir. La tensión que debe generar es entre lo que es hoy y lo que quiere ser en tres a cinco años. Sin esa tensión, la visión no obliga a crecer.

Una visión bien construida es específica, retadora y comprensible para todos en el equipo. No es una lista de intenciones. Es una imagen de cómo se verá el área cuando haya logrado lo que se propone. Por ejemplo: "Ser un área donde el equipo resuelve el 80% de los incidentes antes de que el cliente los reporte, operamos con procesos documentados y automatizados, y somos el referente interno de mejores prácticas operativas."

Cómo se conectan misión, visión y objetivos

La relación entre estos tres elementos es la siguiente. La misión define por qué existe el área hoy. La visión define en qué quiere convertirse. Los objetivos a 3-5 años definen el progreso concreto y medible entre ambos.

La misión responde: ¿para qué existimos? La visión responde: ¿en qué queremos convertirnos? Los objetivos responden: ¿qué debemos lograr en los próximos años para acercarnos a esa visión?

Cuando el norte está claro, las decisiones se vuelven más simples. Cuando no lo está, incluso los mejores equipos terminan avanzando en direcciones distintas. La misión y la visión no son documentos corporativos. Son la brújula del SOa.

Para definirlos bien hay una tensión que debes gestionar con cuidado: pensar en grande, pero ser realista.

Si defines objetivos inalcanzables, el equipo lo sabrá desde el primer día. Y un equipo que sabe que nunca llegará a la meta deja de intentarlo. La desmotivación no llega de golpe, llega poco a poco, en cada reunión donde los números están lejos y nadie cree que van a cambiar.

Por el contrario, si defines objetivos demasiado holgados, tampoco sirven. Un objetivo que el equipo puede cumplir sin esforzarse no transforma nada. No genera aprendizaje, no desarrolla capacidades, no mueve a la organización hacia adelante.

El punto medio es el reto alcanzable: un objetivo que requiere un esfuerzo real, que obliga a mejorar, pero que el equipo puede visualizar como posible si hace las cosas correctamente.

Para construirlos con rigor, existe un método probado: SMART. Un buen objetivo debe ser Específico en lo que quiere lograr, Medible con un indicador que confirme que se alcanzó, Alcanzable dentro de las posibilidades reales del área, Relevante para avanzar en la misión y visión, y acotado a un Tiempo definido.

Estos objetivos a 3-5 años, junto con la misión y la visión, forman el primer bloque del SOa. Son el punto de partida de todo lo demás. Sin ellos, las prioridades no tienen criterio, las iniciativas no tienen justificación y la ejecución no tiene dirección.

María no tardó tres meses en definir la misión de su área. Tardó tres horas.

En su segunda semana al frente de la dirección de operaciones, convocó a su equipo y les hizo una sola pregunta: "Si desapareciéramos mañana, ¿qué perdería la organización?" La respuesta fue inmediata, específica y honesta. En la primera hora ya tenía un borrador de la misión de su área escrita en un rotafolio, y la propuesta de los tres objetivos estratégicos del año. Revisables, mejorables, pero claros desde el primer día.

Cuando seis semanas después llegó la presión de arriba para cambiar las prioridades, María abrió ese documento. "Esto es lo que dijimos que íbamos a hacer", explicó a su equipo. "Si cambiamos algo, necesitamos hacerlo de manera consciente, no por reacción." El equipo estuvo de acuerdo. Se ajustó un objetivo y se mantuvo el resto.

Lo que María entendió desde el principio es que la claridad temprana, aunque imperfecta, vale más que la perfección tardía. Un norte aproximado que mueve al equipo es infinitamente más valioso que un norte perfecto que llega cuando ya todos se fueron en distintas direcciones.

Manuel también construyó la misión de su área. Lo hizo bien: convocó al equipo, abrió el espacio, escuchó las ideas. La sesión fue buena. Pero esa noche, de regreso a casa, tomó el documento y lo reescribió. "No quedó como yo la hubiera dicho." Al día siguiente presentó la versión final. El equipo la aprobó sin discusión. Era precisa, bien redactada, coherente con la estrategia. La imprimieron y la pusieron en la pared de la sala de juntas.

Dos semanas después, Manuel le preguntó a uno de sus líderes qué era lo más importante que el área tenía que lograr ese trimestre. El líder respondió con un objetivo operativo que no tenía ninguna relación con la misión de la pared.

Manuel no dijo nada. Resolvió el problema él mismo, como siempre.

Capítulo 5. Prioridades y Capacidades

Uno de los problemas más comunes que veo en equipos ejecutivos es la dispersión. No falta de trabajo, todo lo contrario: sobra. Hay demasiadas iniciativas, demasiados proyectos abiertos, demasiadas reuniones sobre demasiados temas. Y en medio de ese ruido, nadie sabe con claridad qué es lo que realmente importa.

Las prioridades resuelven eso.

Fernando podía hablar de su sistema durante horas. De hecho, lo hacía. Tenía doce prioridades estratégicas distribuidas en cuatro dimensiones, cada una conectada a un proceso y cada proceso vinculado a un indicador. Era una construcción perfecta. El problema es que Fernando había dejado de hablar del negocio. Hablaba del sistema.

¿Qué es una prioridad?

Antes de definirlas, hay que aclarar algo que suele generar confusión: una prioridad es algo permanente y estratégico — no una tarea que se tacha de una lista cuando termina.

Una prioridad es una agrupación de las funciones principales de tu área. Es la forma en que organizas y comunicas qué es lo que tu equipo hace, qué es lo que le da razón de ser, qué es lo que debe ocupar su tiempo y energía de manera sostenida.

La pregunta práctica para identificarlas es simple: si pudieras agrupar todas las funciones de tu área en tres a seis grandes bloques, ¿cuáles serían? Esos bloques son tus prioridades. En muchos casos coinciden con las áreas de tu estructura organizacional, y eso no es casualidad: una buena estructura refleja las prioridades del negocio.

Lo importante no es el número exacto ni el nombre que les pongas. Lo importante es que esa agrupación le dé claridad a tu equipo sobre dónde debe enfocar su energía, especialmente en los momentos donde el trabajo diario amenaza con absorberlo todo.

Cuando un colaborador no tiene prioridades claras, cualquier tarea parece igual de importante — y la tarea que gana no es la más estratégica, sino la más urgente, la que llega con más ruido o la que viene del jefe que grita más fuerte. He visto equipos enteros perder semanas enteras atendiendo lo urgente de alguien más mientras sus propios objetivos se acumulaban sin moverse. Las prioridades no son un documento. Son el argumento que le permite a tu equipo decir que no sin necesitar tu permiso.

Cuántas prioridades es demasiado

Tres a seis prioridades como rango de referencia es correcto. Pero la pregunta que más escucho no es cuántas tener — es cómo saber si las que tengo son demasiadas.

La señal más clara no está en el número. Está en lo que le pasa al equipo cuando las nombras.

Si le pides a cualquier miembro de tu equipo que liste las prioridades del área de memoria, sin buscarlas en ningún documento, y no puede hacerlo en menos de un minuto, tienes demasiadas. Una lista que no cabe en la cabeza del equipo no cabe tampoco en sus decisiones del día a día.

Las prioridades que el equipo no recuerda no guían ninguna decisión. Y el equipo que no puede recordarlas tampoco puede usarlas para filtrar lo que le llega, para rechazar lo que no corresponde o para alinear su energía en los momentos de presión.

Hay un segundo síntoma más sutil: cuando todas las prioridades se sienten igualmente urgentes todo el tiempo. Si el equipo no puede distinguir cuál de sus prioridades merece más atención esta semana, la lista es demasiado plana. Las prioridades no son todas iguales — aunque todas importen. En cualquier momento dado, algunas merecen más energía que otras, y esa distinción tiene que ser posible de hacer.

En sus primeros meses al frente del área, Fernando tenía doce prioridades porque no había podido decir que no a ninguna conversación estratégica. Cada reunión con dirección producía una prioridad nueva. Cada problema que escalaba se convertía en un frente permanente. El resultado era un área que técnicamente atendía todo y que en la práctica no avanzaba nada de forma notable. Cuando por fin redujo la lista a cuatro, algo que esperaba que fuera un ejercicio de renuncia se convirtió en uno de los actos de liderazgo más claros que había hecho: el equipo supo por primera vez dónde mirar.

La pregunta que ordena la conversación cuando tienes demasiadas es directa: si solo pudieras elegir cuatro de estas y el área tuviera que ser excelente en ellas, ¿cuáles serían? Las que no sobreviven esa pregunta probablemente no son prioridades estratégicas — son tareas operativas que merecen estar en otro nivel del sistema.

¿Qué son las capacidades?

Si las prioridades representan lo que tu área hace, las capacidades representan lo que tu área necesita desarrollar para hacerlo cada vez mejor.

Piénsalo así: tus prioridades están ancladas en tus procesos o áreas core, es decir, en las actividades que directamente producen el valor que tu área o empresa ofrece. Son la cadena de valor visible, el trabajo que el cliente o el negocio percibe y consume.

Las capacidades, en cambio, están en los procesos de soporte. Son las que hacen posible que esa cadena de valor funcione y mejore. Desarrollo de talento, tecnología e inteligencia artificial, procesos y metodologías de trabajo. Estas áreas no siempre son visibles desde afuera, pero son las que determinan si el área puede crecer, adaptarse y sostenerse en el tiempo.

Hay una verdad incómoda que vale la pena decir directamente: si no mejoras tus capacidades, seguirás obteniendo los mismos resultados. Puedes cambiar la estrategia, puedes renovar el equipo, puedes rediseñar los procesos, pero si las capacidades de fondo no evolucionan, el techo siempre será el mismo.

La relación entre ambas no es complicada, pero es fundamental entenderla para que el Sistema Operativo Autónomo (SOa) funcione correctamente.

Las prioridades son el frente del negocio. Son lo que produces, lo que entregas, lo que el resto de la organización espera de ti. Las capacidades son la infraestructura que sostiene ese frente. Son lo que te permite mejorar la forma en que produces y entregas.

La forma más simple de distinguirlas es hacerse una pregunta: ¿esto que estoy haciendo produce valor directamente para el cliente o el negocio, o me está preparando para producirlo mejor en el futuro? Si la respuesta es lo primero, es una prioridad. Si es lo segundo, es una capacidad.

Un área que solo se enfoca en sus prioridades sin desarrollar capacidades es un área que opera bien hoy pero que se quedará sin combustible mañana. No tiene cómo mejorar, no tiene cómo escalar, no tiene cómo adaptarse cuando el entorno cambia.

Un área que solo desarrolla capacidades sin claridad en sus prioridades es un área que se prepara para un partido que nunca juega. Mucho desarrollo interno, poca entrega de valor real.

El equilibrio está en entender que ambas se necesitan mutuamente. Las prioridades te dicen qué capacidades desarrollar primero, porque no todas son igualmente urgentes. Y las capacidades que desarrollas determinan hasta dónde pueden llegar tus prioridades.

Juntas, prioridades y capacidades forman el segundo bloque del SOa. Con la misión, la visión y los objetivos del capítulo anterior ya tienes el norte. Con las prioridades y capacidades ya sabes en qué enfocarte para llegar ahí.

Tres ejemplos para entenderlo de forma concreta

El primer ejemplo es un área de Tecnología. Sus prioridades son los servicios que entrega: operación estable de los sistemas, entrega de nuevos desarrollos al negocio, atención a usuarios, seguridad de la información. Sus capacidades son lo que

TI necesita desarrollar para hacerlo mejor mañana: automatización de procesos, uso de inteligencia artificial, formación técnica del equipo, metodologías ágiles de desarrollo. Si estas capacidades no evolucionan, la operación seguirá funcionando igual año tras año, con los mismos límites de desempeño.

El segundo ejemplo es un área de Operaciones. Sus prioridades son el cumplimiento de los acuerdos de servicio, la eficiencia del proceso productivo y la calidad del producto entregado. Sus capacidades son los habilitadores de mejora: estandarización de procesos, metodologías de mejora continua, desarrollo de habilidades del equipo, integración de sistemas de información.

El tercer ejemplo es un área de Talento. Sus prioridades son la atracción, retención y desarrollo del personal que el negocio necesita. Sus capacidades son los mecanismos que le permiten hacerlo mejor: procesos de selección más precisos, plataformas de aprendizaje, modelos de evaluación de desempeño, cultura organizacional.

La trampa: áreas que solo desarrollan capacidades

Existe un error frecuente en organizaciones en modo de transformación: se enfocan tanto en desarrollar capacidades que descuidan las prioridades. El área se vuelve muy buena en entrenarse, implementar herramientas y certificarse, pero el negocio no lo nota en los resultados del día a día.

El error opuesto también existe: áreas que ejecutan sus prioridades con una disciplina impresionante pero que nunca invierten en desarrollar capacidades nuevas. Con el tiempo, su operación se vuelve eficiente en hacer las cosas de la misma manera mientras el entorno cambia a su alrededor.

Cómo definir las tuyas

Para identificar las prioridades de tu área, la pregunta correcta es: ¿en qué frentes debe ser excelente mi área para cumplir con su razón de existir? No se trata de listar todo lo que haces. Se trata de identificar los dos, tres o cuatro frentes donde la excelencia de tu área genera el mayor impacto para el negocio.

Para identificar las capacidades, la pregunta cambia: ¿qué necesitamos desarrollar internamente para que nuestras prioridades mejoren de forma sostenida en los próximos años? Aquí entran los procesos de soporte: cómo gestionas el talento, cómo desarrollas a tu equipo, cómo usas la tecnología y cómo documentas y mejoras tus procesos.

Cómo hacer que el equipo las internalice

Definir bien las prioridades es un logro. Que el equipo las viva es otro completamente distinto, y es el que realmente importa.

He visto organizaciones con prioridades perfectamente formuladas, publicadas en el portal interno, laminadas en las paredes de las salas de juntas y completamente ignoradas en las decisiones del día a día. El equipo no era irresponsable — nadie les había enseñado a usar las prioridades como criterio de decisión.

La diferencia entre unas prioridades que se leen y unas prioridades que se viven está en cuántas veces el ejecutivo las usa frente al equipo antes de esperar que el equipo las use solo.

El mecanismo es simple y requiere consistencia. Cada vez que alguien escala una decisión que debería poder tomar solo, la respuesta no es tomar la decisión por él — es preguntarle a qué prioridad sirve lo que está evaluando, y cuál de las opciones que tiene avanza más esa prioridad. Las primeras veces el equipo no tendrá respuesta inmediata. Después de unas semanas, empezará a llegar con esa respuesta ya preparada. Después de unos meses, dejará de escalar ese tipo de decisión porque ya sabe cómo resolverla.

Ese es el momento en que las prioridades dejaron de ser un documento y se convirtieron en criterio compartido.

Hay una práctica adicional que acelera ese proceso: en cada revisión semanal, cerrar con una pregunta breve al equipo — ¿hubo alguna decisión esta semana que tomaron apoyándose en las prioridades del área? No como evaluación, sino como refuerzo. Las decisiones que el equipo menciona en esa pregunta son las que se consolidan como patrón. Las que no aparecen son las que todavía necesitan más práctica.

Las prioridades no se internalizan con una presentación. Se internalizan con repetición — y la repetición empieza con el ejecutivo que las usa en voz alta, frente al equipo, en situaciones concretas, hasta que el equipo empieza a usarlas solo.

Cuando las prioridades de tu área entran en conflicto con las de otra

Hay una situación que ninguna lista de prioridades puede evitar y que todo ejecutivo enfrenta con regularidad: otra área del negocio necesita algo que compite directamente con lo que tú definiste como prioridad.

El director de ventas necesita que tu equipo de tecnología priorice un desarrollo urgente que no estaba en el plan. El área de finanzas necesita un reporte que requiere tiempo del equipo de operaciones justo cuando están en el pico de su proceso más crítico. El área de talento necesita disponibilidad del equipo para una capacitación en la semana donde tienes el cierre más importante del trimestre.

Esto no es una falla del sistema. Es la realidad de operar en una organización donde múltiples áreas tienen prioridades legítimas que a veces compiten por los mismos recursos.

El error más frecuente en esta situación es uno de dos extremos. El primero es ceder siempre para mantener la relación — y terminar con un área que constantemente sacrifica sus propios objetivos por los de otros. El segundo es defenderse siempre apelando a "nuestras prioridades" — y terminar con un área que el resto de la organización percibe como poco colaborativa.

La salida no está en ninguno de los dos extremos. Está en hacer visible el costo de la decisión.

Cuando otra área solicita algo que compite con tus prioridades, la conversación correcta no empieza con sí o no. Empieza con transparencia: si atiendo esto esta semana, esto otro de mi plan no va a avanzar. ¿Cuál de los dos es más importante para el negocio en este momento?

Esa pregunta hace dos cosas al mismo tiempo. Primero, saca la conversación del nivel personal — no es tu área contra la otra, es una decisión de qué conviene más al negocio. Segundo, comparte la responsabilidad de la decisión con quien hace la solicitud. Si el resultado de priorizar su pedido es que algo tuyo no avanza, esa consecuencia tiene que ser explícita antes de comprometerse.

Cuando la decisión es ambigua — y muchas veces lo es — escálala. No como señal de debilidad, sino como lo que es: una decisión que requiere una perspectiva más amplia que la que tienen las dos áreas involucradas. Un directivo que escala con claridad, explicando el dilema y sus implicaciones, está ejerciendo mejor criterio que uno que decide solo sin toda la información.

Las prioridades no protegen a tu área del mundo exterior. Te dan el lenguaje para negociar con él de forma inteligente.

Capítulo 6. Comunicar la estrategia

Construir la estrategia es difícil. Comunicarla bien es más difícil todavía.

Y sin embargo, la mayoría de los equipos le dedica semanas al primero y horas al segundo. El resultado es predecible: una estrategia bien construida que vive en una presentación que nadie abre después de la sesión inaugural.

El problema no es la calidad de la estrategia. Es lo que ocurre — o no ocurre — después de que se presenta.

El error más común: confundir presentación con comunicación

He presentado estrategias dos veces, tres veces, con materiales bien diseñados, con tiempo de preguntas, con el equipo completo en la sala. Y he salido de esas sesiones convencido de que el mensaje había llegado.

No había llegado.

Semanas después, en conversaciones del día a día, en decisiones que el equipo tomaba solo, en la forma en que priorizaban su tiempo, era evidente que la estrategia no estaba guiando nada. No porque el equipo no hubiera escuchado. Sino porque escuchar una vez no es suficiente para que algo se instale.

La presentación es necesaria. Es el primer contacto del colaborador con la estrategia, y sin ella no hay punto de partida. Pero creer que una, dos o tres presentaciones son suficientes para que el equipo interiorice la dirección es uno de los errores más costosos que comete un líder.

Existe una idea, que he encontrado en distintos contextos de comunicación y aprendizaje, de que una persona necesita exponerse a un mensaje aproximadamente siete veces antes de que realmente lo comprenda y lo recuerde. No sé si el número exacto es siete o diez o cuatro. Lo que sí sé, después de años viendo cómo los equipos se relacionan con la estrategia, es que el número correcto es siempre mayor de lo que el líder cree.

Y aquí está el punto que más me ha costado aprender: la repetición no es suficiente por sí sola. La estrategia no se instala con exposición — se instala con conexión.

Cada vez que el líder abre una reunión de seguimiento, cada vez que da retroalimentación sobre el avance de un objetivo, cada vez que toma una decisión frente al equipo, tiene una oportunidad de conectar ese momento con la estrategia. Esto que estamos revisando avanza directamente esta prioridad. Esta decisión es consistente con este principio estratégico. Este resultado es lo que esta iniciativa buscaba mover.

Cuando esas conexiones ocurren de forma sistemática, la estrategia deja de ser un documento y empieza a ser el lenguaje con el que el equipo piensa. Cuando no ocurren, el documento envejece solo en una carpeta compartida que nadie abre.

El líder no puede delegar esta parte. No puede pedirle a alguien de su equipo que "se asegure de que todos conocen la estrategia". La conexión entre la estrategia y la ejecución diaria se construye en cada interacción, y esa construcción solo puede venir de quien tiene la responsabilidad del área.

Si el líder no vive la estrategia, el equipo no la vivirá.

Rogelio Aguayo

El idioma de la estrategia no es el idioma del equipo

Hay un momento en el proceso de definición estratégica donde el lenguaje se complica. Empiezan a aparecer términos como capacidades organizacionales, ventajas competitivas, objetivos de transformación digital, palancas de valor. Términos que tienen sentido en el contexto donde se construyeron — en talleres de planeación, en conversaciones entre directivos, en el lenguaje de los marcos metodológicos que se usaron para estructurar el pensamiento.

El problema es cuando ese mismo lenguaje llega al equipo sin traducción.

El colaborador que opera en campo, que atiende al cliente interno, que ejecuta los procesos diarios, no piensa en palancas de valor. Piensa en qué tiene que hacer hoy, cómo sabe si lo está haciendo bien y por qué eso importa. Si la estrategia no le responde esas tres preguntas en términos que reconozca, la estrategia no le sirve.

He visto estrategias impecablemente redactadas, con una lógica interna perfecta y una presentación visualmente sofisticada, que no le decían absolutamente nada al equipo que tenía que ejecutarlas. No porque el equipo no fuera capaz de entenderlas. Sino porque nadie las había traducido al idioma de quienes iban a vivirlas.

La prueba más simple es esta: después de comunicar la estrategia, pídele a alguien del equipo que te explique, con sus palabras, qué significa eso para su trabajo del día a día. Si la respuesta es vaga, si reproduce los términos de la presentación sin poder aterrizarlos, la estrategia todavía no está comunicada — solo presentada.

Una estrategia sencilla que le da claridad al equipo sobre qué hacer vale más que una estrategia sofisticada que suena bien pero no aterriza. La sofisticación impresiona hacia arriba. La claridad mueve hacia adelante.

Quitar los tecnicismos no es simplificar la estrategia. Es respetar al equipo que tiene que ejecutarla.

Lo que el equipo no dice en voz alta

Hay un tipo de resistencia que no aparece en ninguna reunión. No hay preguntas incómodas, no hay cuestionamientos directos, no hay nadie que diga abiertamente que esto no va a funcionar. Todos asienten. Nadie objeta.

Y aun así, algo en la sala se siente mal.

Me tocó vivirlo de cerca. Habíamos tenido un proyecto importante que no salió como esperábamos. El equipo lo había vivido de cerca, había puesto energía, y al final el resultado no correspondió al esfuerzo. Meses después presentamos una nueva estrategia. Nadie dijo nada en contra. Pero era visible — en las expresiones, en el nivel de participación, en el tipo de preguntas que hacían — que la lectura silenciosa era una sola: otro proyecto que no va a llegar a ningún lado.

Ese escepticismo silencioso es más peligroso que la oposición abierta. La oposición abierta se puede atender, se puede responder, se puede convertir en conversación. El escepticismo silencioso se convierte en algo distinto: en personas que formalmente están dentro de la estrategia pero que no están jalando. Que cumplen lo mínimo, que no aportan iniciativa, que en las conversaciones informales siembran dudas. Detractores silenciosos que hacen más difícil que la estrategia avance, sin que nadie pueda señalar exactamente qué está pasando.

Lo que aprendí de esa experiencia es que la respuesta no está en una mejor presentación ni en un discurso más convincente. El escepticismo no se combate con argumentos. Se combate con evidencia.

Lo que implementamos fue una red de agentes de cambio: personas del mismo equipo, con credibilidad entre sus pares, que compartían de forma constante los avances concretos que íbamos logrando. No los planes, no las intenciones. Los avances reales, verificables, tangibles. Semana a semana, esa evidencia acumulada fue construyendo algo que ninguna presentación hubiera podido construir: la percepción de que esta vez era distinto, de que la estrategia estaba avanzando, de que valía la pena sumarse.

El cambio no fue inmediato. Fue gradual. Pero fue real.

Hay una lección que no hay que perder en esa experiencia: los agentes de cambio funcionaron porque no eran el líder. El líder tiene un interés evidente en que la estrategia funcione, y el equipo lo sabe. Cuando el mensaje viene de un par — alguien que comparte el mismo contexto, las mismas presiones, las mismas dudas — tiene una credibilidad distinta. No es la voz de quien tiene que defender la estrategia. Es la voz de quien la está viviendo.

La prueba de fuego: si tu equipo no puede explicarla, no la entendió

Existe una señal inequívoca de que la comunicación de la estrategia funcionó, y no es una encuesta de comprensión ni una evaluación formal. Es algo mucho más simple y mucho más confiable: escuchar cómo el equipo habla en su día a día.

Cuando la estrategia está verdaderamente instalada, el equipo no necesita abrir una presentación para saber si una decisión está alineada con la dirección del área. Las conversaciones de seguimiento incluyen referencias naturales a las prioridades estratégicas. Las propuestas que sube el equipo están conectadas con las iniciativas. Los problemas se encuadran en el lenguaje de lo que el área está tratando de lograr.

He tenido la experiencia de estar en reuniones donde alguien del equipo, en medio de una conversación operativa, conecta espontáneamente lo que están resolviendo con una prioridad estratégica específica. Sin que nadie se los pidiera. Sin que estuvieran siendo evaluados. Simplemente porque ese era el marco con el que ya pensaban.

Eso no ocurre después de una presentación. Ocurre después de meses de conexiones consistentes entre la estrategia y la ejecución.

Lo que María hizo diferente

Manuel presentó la estrategia en enero. Una sesión de dos horas, materiales bien preparados, espacio para preguntas. El equipo escuchó. Algunos tomaron notas. Al salir de la sala, Manuel sintió que había cumplido con una responsabilidad importante.

En marzo, en una revisión de avance, le preguntó a uno de sus líderes de equipo qué prioridad estratégica estaba atendiendo el proyecto que le acababa de presentar. El líder lo miró un momento antes de responder. Mencionó el nombre de un objetivo del plan trimestral. No de la estrategia.

Manuel no volvió a hacer esa pregunta.

Fernando documentó la estrategia con una precisión envidiable. Un documento de cuarenta páginas con la lógica completa, los fundamentos de cada decisión, los marcos metodológicos utilizados. Lo compartió con el equipo y programó una sesión de revisión. La sesión duró tres horas. Al terminar, varios colaboradores tenían más dudas que al inicio. El documento era impecable para quien entendiera el lenguaje en el que estaba escrito. Para el resto del equipo, era un texto denso que describía una realidad que no reconocían en su trabajo diario.

Fernando concluyó que el problema era que el equipo no tenía el nivel de madurez estratégica suficiente. Nunca consideró que el problema podía ser el idioma.

María hizo algo distinto desde el inicio. Antes de comunicar la estrategia al equipo completo, se sentó con cada uno de sus líderes directos y les pidió que la leyeran. Luego les hizo una sola pregunta: ¿Qué significa esto para lo que tu equipo hace todos los días? Las respuestas le dijeron todo lo que necesitaba saber sobre qué estaba claro y qué no.

Reescribió los apartados que generaban confusión. Eliminó los términos que no tenían traducción directa a la operación. Convirtió cada prioridad estratégica en una pregunta que cualquier colaborador podía responderse a sí mismo: ¿Lo que estoy haciendo hoy contribuye a esto?

Cuando presentó la estrategia al equipo, no lo hizo una vez. La conectó en cada reunión de seguimiento, en cada retroalimentación, en cada decisión que tomó frente al equipo. Y cuando detectó que algunos de sus colaboradores más influyentes llegaban a las sesiones con el escepticismo visible de quien ya ha visto este tipo de presentaciones antes, no los confrontó. Los convocó individualmente, les pidió su lectura honesta, y los involucró en comunicar los avances al resto del equipo.

Seis meses después, en una revisión ordinaria de plan trimestral, uno de los colaboradores que más había dudado al inicio presentó una propuesta que no le había pedido nadie. Estaba conectada directamente con una de las prioridades estratégicas. La había desarrollado solo, en su tiempo, porque había identificado una oportunidad que el área debería atender.

María no dijo nada sobre la estrategia ese día. No hizo falta.

Parte 3. Planeación

Planeación: De la estrategia a la acción

"Un objetivo sin un plan no es más que un deseo."

— Antoine de Saint-Exupéry

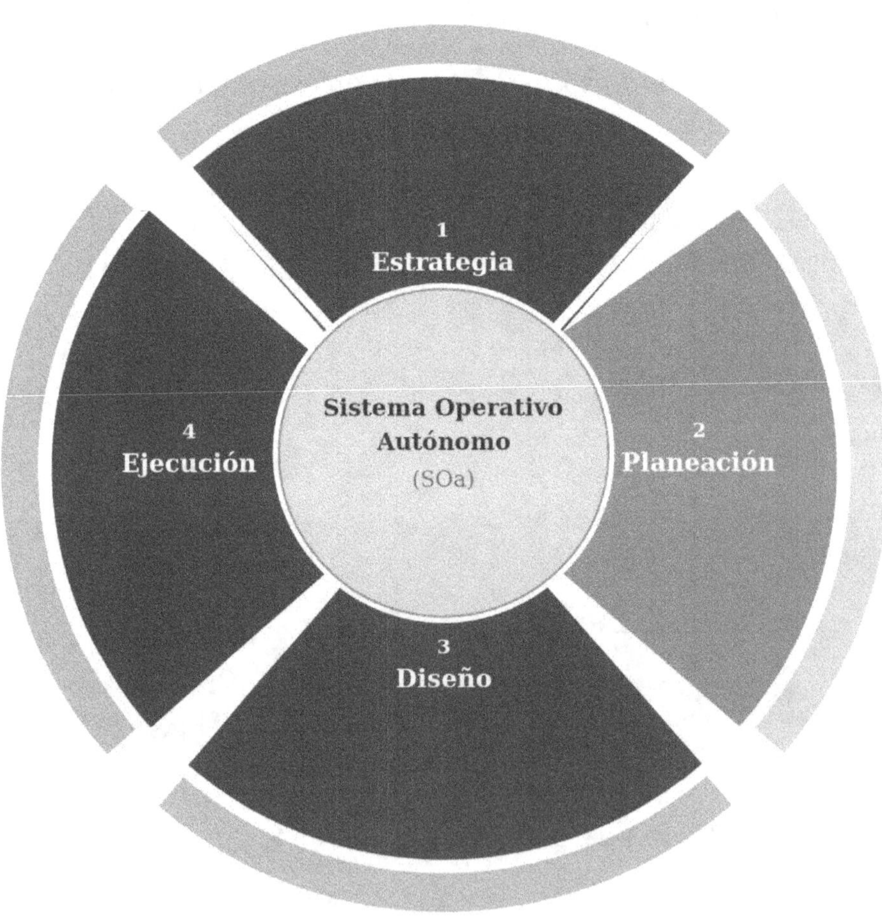

Capítulo 7. Iniciativas — El puente entre estrategia y ejecución

Hasta aquí tienes el norte claro. Sabes para qué existe tu área, hacia dónde va, qué prioridades debe atender y qué capacidades necesita desarrollar. Tienes la estrategia definida.

Ahora viene la pregunta que separa a los equipos que avanzan de los que se quedan planificando: ¿qué vas a hacer para llegar ahí?

La respuesta está en las iniciativas.

Manuel llegó a la reunión de planeación con una lista de 47 proyectos. Los había organizado por área, por urgencia y por responsable. Había invertido un fin de semana entero. Cuando su equipo le preguntó cuál de los 47 movía el indicador que más importaba ese trimestre, Manuel tardó varios segundos. "Todos contribuyen", respondió. Nadie discutió. Pero al salir de la sala, la lista de 47 se convirtió en 47 urgencias compitiendo entre sí. Y Manuel siguió siendo el único que podía decidir cuál atender primero.

¿Qué es una iniciativa?

Antes de definirla, vale la pena aclarar qué no es, porque la confusión en este punto es más común de lo que parece.

Una iniciativa no es una tarea. Una tarea es algo específico que alguien ejecuta en un plazo corto: actualizar un reporte, convocar una reunión, revisar un contrato. Las tareas son el nivel más granular del trabajo.

Una iniciativa tampoco es un proyecto. Un proyecto tiene un alcance definido, un presupuesto asignado, entregables concretos, fechas de inicio y fin. El proyecto es cómo ejecutas una iniciativa cuando ya sabes qué hay que hacer.

Una iniciativa vive en un nivel superior a ambos. Es una gran acción que necesitas realizar para cumplir tus objetivos desde una prioridad específica. No tiene que estar completamente definida en este momento. No necesita tener fechas ni presupuesto ni responsables detallados. Lo que necesita es claridad de propósito: ¿qué problema resuelve?, ¿hacia dónde mueve al área?, ¿por qué es necesaria para alcanzar los objetivos?

Los proyectos y tareas específicas vendrán después, en los Planes Anuales y Planes Trimestrales. Por ahora, las iniciativas te dan visibilidad de qué necesitas hacer en grande para llegar a donde quieres llegar.

Cómo construir tus iniciativas

El proceso arranca volviendo a mirar lo que ya tienes: la misión, la visión, los objetivos a 3-5 años y cada una de tus prioridades.

Toma una prioridad. Párate frente a ella y hazte una sola pregunta: ¿qué grandes acciones necesito realizar para que esta prioridad avance hacia los objetivos que definí?

No te limites todavía. En esta etapa la amplitud es más valiosa que la precisión. Piensa en cambios de herramientas o plataformas que podrían transformar la operación. Piensa en procesos que necesitan rediseñarse desde la raíz. Piensa en expansión física, en nuevas capacidades del equipo, en integraciones que hoy no existen. Cualquier gran acción que tenga el potencial de mover el marcador desde esa prioridad es candidata a convertirse en una iniciativa.

Cuando tengas ese listado, conviértelo en iniciativas. Nómbralas de forma clara, pero sin exceso de detalle. El objetivo en esta etapa no es la precisión. Es la visibilidad.

Repite el proceso para cada prioridad. Y luego hazlo también para cada capacidad. Recuerda que las prioridades atienden la cadena de valor del área, mientras que las capacidades sostienen los procesos de soporte. Ambas necesitan iniciativas. Ambas merecen el mismo nivel de atención en esta etapa.

Cómo se ve una iniciativa bien escrita

El problema más común no es no tener iniciativas. Es tenerlas tan vagas que cualquier cosa cabe dentro de ellas, o tan amplias que nadie sabe por dónde empezar.

Estos dos ejemplos ilustran la diferencia:

Iniciativa mal escrita: "Mejorar la experiencia del cliente."

Esta frase no es una iniciativa. Es una intención. No dice qué va a cambiar, no dice desde dónde parte, no dice a qué objetivo sirve. Cualquier acción puede justificarse con ella y ninguna puede medirse contra ella.

Iniciativa bien escrita: "Reducir el tiempo de resolución de solicitudes del cliente interno de 72 a 24 horas mediante la implementación de un modelo de atención por niveles y la automatización de las solicitudes de primer nivel."

Esta sí es una iniciativa. Tiene un punto de partida, un destino, y una dirección de solución. Quien la va a ejecutar sabe exactamente qué se espera. Quien la va a aprobar puede juzgar si vale el esfuerzo.

La diferencia no está en la longitud. Está en la especificidad. Una buena iniciativa nombra el problema que resuelve, indica en qué dirección se mueve el área, y da una pista de cómo se va a lograr — aunque todavía no tenga todos los detalles.

El recurso que más subestimamos: nuestro propio equipo

Hay algo que ocurre en casi todas las organizaciones que he conocido: los ejecutivos definen las iniciativas solos, o con un grupo pequeño de confianza, y el equipo se entera cuando ya está todo decidido.

Es un error costoso. Cuando las personas no participan en la definición, no se sienten comprometidas, no sienten suyas las iniciativas.

Las personas que ejecutan el trabajo todos los días tienen una perspectiva que desde arriba no siempre se ve. Conocen los cuellos de botella reales, las ineficiencias que nadie ha documentado, las oportunidades que llevan meses esperando ser escuchadas. Tu equipo muchas veces tiene grandes ideas para mejorar. El problema es que nadie les pregunta.

La construcción de iniciativas es el momento ideal para cambiar eso. Involucra a los expertos de cada prioridad en el proceso. Abre el espacio para que aporten, cuestionen y propongan. No como un ejercicio de participación simbólica, sino como una fuente real de inteligencia que enriquece lo que tú solo no puedes ver.

Y si necesitas perspectiva externa, búscala también. Expertos de la industria, referencias de otras empresas, benchmarks del mercado. Las mejores iniciativas nacen de combinar la visión interna con el conocimiento externo.

Fernando llegó a la sesión de iniciativas con una presentación de treinta y dos diapositivas. Había pasado dos semanas construyéndola: cada iniciativa clasificada por prioridad, impacto, esfuerzo y área responsable. Había columnas con código de color, una hoja resumen con gráfica de burbujas y un índice con hipervínculos. Era el trabajo más ordenado que su equipo había visto en meses.

Le tomó noventa minutos presentarlo.

Al final, uno de sus líderes levantó la mano: «¿Cuáles tres son las que más importan para el negocio este año?»

Fernando abrió la diapositiva de resumen. Señaló cuatro. Luego dijo que cinco también eran críticas. Y que dos más eran estratégicamente relevantes.

Cerró la sesión con diecinueve iniciativas activas y la certeza de que habían hecho un trabajo riguroso. En el camino de regreso a su oficina, nadie del equipo pudo recordar cuál era la más importante.

Cuando tienes demasiadas iniciativas

Después de hacer el ejercicio correctamente — por cada prioridad, por cada capacidad, con el equipo involucrado y sin limitarte en la primera ronda — es normal terminar con una lista larga. Demasiado larga.

Doce iniciativas. Dieciséis. A veces más.

Eso no es un problema. Es una señal de que el proceso funcionó. El problema viene después, cuando hay que decidir cuáles realmente van.

Aquí es donde la mayoría de los ejecutivos cometen el mismo error que cometió Manuel: intentan justificar todas. Dicen que todas contribuyen. Y técnicamente tienen razón. Pero un área que persigue quince iniciativas al mismo tiempo no está ejecutando ninguna con la energía que merece. Está distribuyendo el esfuerzo tan uniformemente que nada avanza lo suficiente para producir resultados visibles.

El criterio para filtrar no es complejo, pero requiere honestidad. Para cada iniciativa, dos preguntas:

La primera: ¿si esta iniciativa se completa, cuánto mueve el indicador que más importa en esta prioridad? No cuánto contribuye en teoría. Cuánto lo mueve en la práctica.

La segunda: ¿cuánto esfuerzo del equipo requiere en relación a ese impacto?

Con esas dos dimensiones puedes ordenar tu lista. Las iniciativas de alto impacto y esfuerzo manejable son las que van primero. Las de bajo impacto y alto esfuerzo son las que, aunque parezcan urgentes, no pertenecen a este ciclo.

María llegó a su segunda sesión de planeación con diecinueve candidatas. Las leyó una por una con su equipo y les hizo la misma pregunta a cada una: si tuviéramos que elegir solo cinco, ¿esta estaría? Al final de la sesión tenían siete. Las doce restantes no desaparecieron — quedaron documentadas como inventario para el siguiente ciclo. Nadie sintió que se había desperdiciado el trabajo. Y las siete que quedaron tenían algo que las diecinueve originales no tenían: dueño claro y energía real del equipo detrás.

Lo que las iniciativas no son

Vale la pena repetirlo antes de cerrar el capítulo, porque es tentador caer en la trampa de querer definirlo todo en este momento.

Las iniciativas no son proyectos específicos. No necesitan tener fechas, presupuestos, responsables ni entregables detallados todavía. Eso viene después, cuando aterricemos todo en el Plan Anual y el Plan Trimestral.

Lo que sí deben tener es claridad estratégica: cada iniciativa debe poder responder sin rodeos por qué existe, a qué prioridad o capacidad sirve, y cómo contribuye al logro de los objetivos que definiste.

Si una iniciativa no puede responder esas tres preguntas, probablemente no debería estar en la lista.

Con las iniciativas definidas para todas tus prioridades y capacidades, ya tienes la materia prima para construir el siguiente bloque del SOa: convertir esas grandes acciones en planes concretos con fechas, responsables y métricas de avance.

Capítulo 8. Plan Anual y Plan Trimestral — La estrategia aterrizada

Hasta aquí tienes la estrategia construida. Sabes a dónde vas, qué prioridades atender, qué capacidades desarrollar y qué grandes iniciativas necesitas ejecutar para lograrlo. Está todo sobre la mesa.

El siguiente paso parece obvio: ponerse a trabajar.

Pero hay un problema que la mayoría de los equipos no ve venir. No es falta de compromiso ni de talento. Es algo más sutil, más humano, y mucho más costoso: la forma en que naturalmente nos relacionamos con el tiempo.

Antes de hablar de planes, necesito hablarte de tres teorías que aprendí en la gestión de proyectos y que cambiaron radicalmente la forma en que defino objetivos.

Tres verdades incómodas sobre el tiempo

Ley de Parkinson establece algo inquietante: el tiempo que toma realizar una tarea tiende a expandirse hasta llenar el tiempo disponible para hacerla. Si defines seis meses para cumplir un objetivo, el objetivo tomará seis meses, aunque en teoría pudiera hacerse en cuatro. El plazo define el ritmo. Por eso los plazos que pongas a tus objetivos deben ser retadores, fechas que generen tensión productiva y te obliguen a enfocarte. Si el plazo es holgado, el esfuerzo también lo será. Si alguna vez terminaste un entregable exactamente el día que vencía — no el día antes, no dos horas antes, sino ese día — la Ley de Parkinson te estaba saludando.

Síndrome del Estudiante que todos hemos vivido aunque pocos admitamos. Si tienes seis meses para cumplir un objetivo, los primeros cinco los pasarás pensando en qué hacer. El verdadero trabajo arrancará en el último mes, con la presión del plazo encima, y el resultado reflejará: prisa, superficialidad, calidad comprometida. El antídoto no es la disciplina de voluntad, es tener planes pequeños y continuos que generen avance diario. No puedes combatir este síndrome con buenas intenciones. Solo puedes combatirlo con estructura.

Ley de Hofstadter cierra el círculo con una verdad que cualquier ejecutivo experimentado reconocerá de inmediato: siempre tardaremos más de lo esperado, incluso cuando ya tomamos en cuenta que vamos a tardar más de lo esperado. Los proyectos se retrasan, los imprevistos aparecen, las dependencias fallan. La respuesta no es rendirse ante esa realidad, sino anticiparla. Enfocarse desde el primer día, avanzar de forma continua y adelantar actividades cuando se pueda, construyendo un margen de tiempo que absorba lo que inevitablemente saldrá mal.

Estas tres leyes explican por qué el Plan Anual y el Plan Trimestral están diseñados como están — y ese es un fundamento, no un ejercicio intelectual. La Ley de Parkinson dicta que los plazos deben ser retadores, no cómodos: un objetivo con demasiado tiempo disponible se ejecutará mal aunque el equipo sea bueno. El Síndrome del Estudiante explica por qué noventa días sin revisiones intermedias produce el mismo resultado que dejarlo todo para el último momento: la revisión mensual del Plan Trimestral existe para romper ese patrón antes de que sea tarde. Y la Ley de Hofstadter justifica por qué el sistema incluye márgenes, revisa el avance con frecuencia y permite ajustes explícitos: no como señal de debilidad, sino como respuesta inteligente a la naturaleza de los proyectos complejos.

En la práctica esto significa tres cosas concretas. Primero, pon fechas que incomoden al equipo: si el objetivo no genera cierta tensión al leerlo, el plazo es demasiado largo. Segundo, no esperes al cierre del trimestre para revisar si vas bien: las revisiones mensuales y semanales existen precisamente para detectar la oportunidad antes de que sea irreversible. Tercero, cuando definas un objetivo, agrega entre un quince y un veinte por ciento de margen sobre lo que crees que tardarás: no como excusa para procrastinar, sino como colchón para lo que Hofstadter te garantiza que aparecerá.

Las tres leyes no son obstáculos que hay que superar. Son reglas del juego que hay que conocer para diseñar planes que funcionen en el mundo real, no solo en una hoja de cálculo.

El Plan Anual: el primer aterrizaje

Las iniciativas que definiste en el capítulo anterior son grandes acciones estratégicas. Ahora es momento de convertirlas en objetivos concretos que puedas cumplir en el año en curso.

Para cada iniciativa hazte una pregunta: ¿qué tengo que lograr este año para dar un paso grande hacia su cumplimiento? No todo lo que implica una iniciativa puede resolverse en doce meses. Algunas requieren dos o tres años de trabajo acumulado. Lo que el Plan Anual define es qué parte de ese camino recorrerás este año específicamente.

Puede ocurrir que alguna iniciativa no esté lista para atenderse todavía. Quizás depende de que otra iniciativa avance primero, o el área todavía no tiene las capacidades necesarias para abordarla. Eso está bien. Documéntalo, reconócelo como parte de tu visión a futuro y enfoca el año en lo que sí puedes mover.

Una vez que tienes tus objetivos anuales identificados, es momento de ponerles rigor. Aquí el método SMART es tu herramienta de validación. Específico significa que al leer el objetivo no quede ninguna duda de qué se va a lograr. Medible es el componente más crítico: un objetivo sin métrica no es un objetivo, es una intención. Alcanzable es donde entra el juicio del ejecutivo: lo suficientemente ambicioso para generar resultados, pero lo bastante realista para ser cumplido. Relevante nos recuerda que cada objetivo anual debe trazarse directamente hacia las iniciativas y la estrategia general. Y en un Tiempo definido: todos los objetivos deben tener fecha de finalización.

El Plan Trimestral: avanzar sin perder el ritmo

Si el Plan Anual es el destino del año, el Plan Trimestral es el sistema de navegación que te mantiene en ruta.

Cada tres meses defines objetivos que contribuyen directamente a los objetivos anuales. El proceso de construcción es el mismo, con una diferencia importante en el punto de partida: aquí la guía no son las iniciativas, sino los objetivos anuales que ya definiste. La pregunta cambia: ¿qué hago este trimestre para avanzar en el objetivo anual?

La metodología SMART establece que todo objetivo debe tener un tiempo definido. En el Plan Trimestral esto suele resolverse por defecto: si no se especifica otra cosa, la fecha límite es el cierre del trimestre. Eso es válido, y es lo natural cuando el equipo está aprendiendo el método. Sin embargo, hay un patrón que aparece casi siempre: cuando el plazo es el último día del trimestre, el trabajo tiende a concentrarse en las últimas semanas — exactamente lo que las tres verdades incómodas del tiempo predicen. La madurez del método se empieza a ver cuando los responsables comienzan a definir fechas intermedias: comprometerse a cerrar un objetivo en la semana seis, no en la doce. Esa decisión no es menor. Acortar el horizonte voluntariamente obliga a una ejecución más disciplinada desde el inicio, reduce la acumulación de trabajo al final y, sobre todo, libera capacidad para los siguientes compromisos sin tener que esperar siempre al tiempo máximo disponible. No es algo que ocurra en el primer o segundo trimestre — se construye con iteraciones, con el aprendizaje de haber llegado tarde más de una vez y con la confianza que da saber que el método funciona. Cuando un equipo empieza a poner fechas intermedias de forma natural, es una señal clara de que el sistema ya no es una obligación: es una herramienta que eligieron.

¿Por qué tres meses y no uno, o seis? Porque noventa días es el punto de equilibrio entre dos necesidades que compiten. Es suficiente tiempo para hacer un avance significativo en un objetivo complejo, pero es lo suficientemente corto para detectar desviaciones antes de que se conviertan en problemas serios.

El primer plan trimestral de María tenía errores. Los objetivos eran demasiado ambiciosos para doce semanas. Dos iniciativas eran en realidad la misma con distinto nombre. El responsable de uno de los procesos críticos estaba asignado a cuatro compromisos simultáneos. María lo sabía. Lo presentó de todas formas. "Un plan imperfecto que se ejecuta vale más que un plan perfecto que se sigue discutiendo", le había dicho su mentor años atrás. Al final del trimestre, seis de los ocho compromisos estaban cerrados.

Era la primera vez en el área que alguien podía decir eso con evidencia.

Aun aplicando SMART, hay dos problemas que aparecen con frecuencia y vale la pena nombrarlos.

La especificidad no es un detalle, es una decisión

Años en revisiones de cierre de trimestre me enseñaron algo que no esperaba: el problema más costoso no es el objetivo incumplido. Es el objetivo que "se cumplió" y nadie celebró, porque lo que se entregó no era lo que se esperaba.

Esto pasa más de lo que cualquier equipo admite. Dos personas leen el mismo enunciado, asumen alcances distintos, trabajan doce semanas en paralelo y llegan al cierre con una brecha que nadie anticipó. No hubo engaño. No hubo negligencia. Hubo una redacción ambigua que cada quien llenó con su propia interpretación.

El problema no es la gente. Es la redacción.

Un objetivo bien escrito tiene una sola lectura posible. No importa quién lo lea, no importa cuándo lo lea: el resultado esperado es el mismo. Si al leerlo en voz alta dos personas pueden imaginar resultados distintos, el objetivo necesita reescribirse.

Este momento de verificación toma cinco minutos. El costo de saltárselo puede ser todo un trimestre.

Hay una señal de alerta adicional que aprendí a leer con el tiempo: si durante las revisiones semanales el responsable siempre reporta avance pero nunca puede describir con precisión qué tiene listo hasta ese momento, probablemente el objetivo estaba mal definido desde el inicio. El seguimiento sin claridad de entregable no es seguimiento: es teatro.

La especificidad no es burocracia. Es respeto al equipo: le dice exactamente qué se espera, elimina la zona gris donde vive la frustración, y hace que el éxito sea verificable sin necesidad de negociar qué significa "cumplido".

El alcance correcto: ni tan fácil que no importe, ni tan difícil que paralice

El problema del alcance tiene dos caras, y ninguna de las dos produce valor.

La primera cara es el objetivo demasiado holgado. Suena a logro, está redactado con rigor SMART, pasa todas las validaciones formales. El problema es que en la práctica ya estaba cumplido cuando empezó el trimestre. No genera reto, no produce mejora real, y cuando se cierra, da una sensación cálida de éxito que no corresponde a ningún avance genuino.

Hay una variante de este caso que es más difícil de detectar: el responsable cumple el objetivo, pero lo supera con creces en las primeras semanas, y lo calla. Precisamente para no dejar evidencia de que el compromiso era insuficiente, y así evitar que el siguiente ciclo sea más exigente. He visto esto en todos los niveles jerárquicos. Es una forma de protegerse que erosiona el sistema desde adentro, porque el liderazgo pierde la señal más valiosa que tiene para calibrar sus próximas exigencias.

La segunda cara es el objetivo imposible. El equipo avanza semana a semana con números que no se mueven, el cierre exitoso parece cada vez más lejano, y lo que ocurre no es solo el incumplimiento: es la pérdida de energía, de credibilidad en el método, y de confianza del equipo en su propia capacidad. Un objetivo inalcanzable no motiva. Desgasta.

El punto medio no es matemático. Es una lectura del contexto. Un objetivo bien calibrado genera incomodidad al leerlo por primera vez — esa sensación de "vamos a tener que esforzarnos de verdad para esto" — pero no desesperanza. La diferencia entre ambas sensaciones es la clave.

Una señal práctica: si en la primera revisión semanal el responsable ya reporta el objetivo casi cerrado, el alcance era demasiado pequeño. Si en la segunda revisión el avance es cero y el responsable no puede describir por dónde va a empezar, el alcance era demasiado grande.

El calibrado del alcance es una habilidad que se construye con iteraciones. El primer trimestre suele ser imperfecto. El quinto ya tiene patrones reconocibles. El décimo, criterio. El método no pretende que el primer plan sea el mejor — pretende que cada plan sea mejor que el anterior.

Cuando el indicador no alcanza

Hay objetivos que están perfectamente definidos, tienen un responsable claro, cuentan con el foco del equipo durante todo el trimestre — y al llegar al cierre, el indicador que debería mostrar el resultado no se movió lo suficiente para confirmar el avance. No porque el trabajo no se haya hecho. Sino porque el indicador opera en un horizonte de tiempo distinto al trimestral.

Esto ocurre con frecuencia en objetivos de proceso, de cultura o de desarrollo de capacidades. Implementar un proceso de gestión de incidentes puede tomar doce semanas. El impacto de ese proceso en los tiempos de resolución puede tardar doce semanas más en aparecer de forma estadísticamente significativa. Si el único criterio de validación es el indicador, el equipo trabajó correctamente un trimestre completo y no tiene forma de probarlo.

La solución es usar un entregable como forma de validación.

Un entregable es un resultado tangible y verificable: un proceso documentado e implementado, una herramienta lanzada y en uso, un modelo de gestión aplicado en al menos dos ciclos consecutivos. No es una descripción de actividades realizadas — es una evidencia de que algo concreto existe y funciona donde antes no existía ni funcionaba.

La clave está en la precisión de la definición. Un entregable ambiguo tiene el mismo problema que un objetivo ambiguo: el equipo encontrará la interpretación más conveniente para declararlo cumplido. "Proceso implementado" puede significar cosas muy distintas dependiendo de quién lo lea. "Proceso documentado en el formato estándar, presentado al equipo en sesión formal y aplicado en al menos tres incidentes con evidencia registrada" no deja margen de interpretación.

Cuando un objetivo usa un entregable como validación en lugar de un indicador, el enunciado debe incluir cuatro elementos: qué se va a producir, en qué formato o estándar, cuál es la evidencia de que está funcionando —no solo de que existe— y quién puede verificarlo de forma independiente al responsable.

Este último punto es importante. La validación de un entregable no puede quedar en manos del mismo responsable que lo construyó. Necesita un segundo par de ojos: el líder del área, un par del equipo, o en casos más críticos, el cliente interno que va a usarlo.

El plan que vive

Existe un error que cometen incluso los equipos que construyen buenos planes: tratarlos como documentos de consulta. El Plan Trimestral se presenta en la primera semana del ciclo, todos asienten, y el documento entra en reposo hasta que alguien pregunta qué pasó.

Un plan que no se revisa con frecuencia no es un plan. Es un archivo.

El seguimiento constante no es opcional en el método: es lo que convierte el plan en una herramienta viva. El líder necesita saber en tiempo real qué está avanzando, qué está en riesgo y qué dependencia puede convertirse en obstáculo antes de que lo sea. Y esa información no llega sola. Hay que ir a buscarla, cada semana, con preguntas concretas.

La sesión semanal — que se detalla más adelante en el capítulo de reuniones — incluye siempre una revisión del estado del Plan Trimestral. No es una revisión de actividades: es una revisión de avance hacia el resultado. Hay tres preguntas que no deben faltar en esa revisión. ¿Qué se cerró esta semana? ¿Qué está en riesgo de no cumplirse en el plazo comprometido? ¿Hay alguna dependencia externa que el líder necesita gestionar para que el equipo pueda avanzar?

Esa tercera pregunta es, en mi experiencia, la más importante. Muchos bloqueos en los planes trimestrales no son problemas de foco ni de capacidad: son dependencias que el responsable del objetivo no tiene autoridad para resolver por sí solo. Un proceso que requiere aprobación de otra área. Un recurso que está comprometido con otro proyecto. Una decisión que necesita pasar por niveles superiores. Si el líder no identifica estas dependencias de forma temprana, el equipo avanza hasta la pared y para — y cuando el trimestre cierra, el objetivo aparece como incumplido por razones que pudieron haberse resuelto en la semana tres.

Hay una señal de alarma temprana que aprendí a leer: si un objetivo lleva dos semanas consecutivas sin avance reportado, algo está bloqueado. No necesariamente mal gestionado — pero bloqueado. En ese punto la conversación no es "¿por qué no avanzaste?" sino "¿qué necesitas para avanzar esta semana?"

El cambio de pregunta parece menor. No lo es. El primero genera defensas. El segundo genera soluciones.

El cierre binario

Al cierre del trimestre aparece una presión que he visto en todos los equipos con los que he trabajado, sin excepción: la tentación de declarar "casi cumplido" como si fuera suficiente.

El mecanismo es conocido. El objetivo está al 90%, al 95%, "prácticamente listo". El responsable hizo un trabajo serio, enfrentó obstáculos reales, avanzó más que en cualquier trimestre anterior. Y el líder, que conoce el contexto y valora el esfuerzo, siente la presión de reconocerlo. Declarar que el objetivo no se cumplió parece injusto.

Entiendo esa presión. La he sentido yo mismo. Y aún así, la respuesta correcta es la misma: cumplió o no cumplió.

No porque el esfuerzo no importe. Importa, y debe reconocerse. Sino porque en ese 5% o 10% faltante viven, casi siempre, actividades sin cerrar, decisiones sin tomar, valor sin entregar. El objetivo fue diseñado con ese 100% como el umbral de valor. Declararlo cumplido al 90% no es generoso: es impreciso.

Y hay una consecuencia más profunda. Si el equipo aprende que llegar al 90% cuenta como cumplimiento, el sistema de compromisos empieza a deformarse. Los próximos objetivos se definen con ese margen incorporado. Los seguimientos pierden urgencia. Y la cultura del cumplimiento — que es uno de los activos más difíciles de construir en cualquier organización — se erosiona gradualmente, sin que nadie tome la decisión de erosionarla.

El cumplimiento binario no es rigidez. Es lo que hace que un compromiso sea un compromiso.

Esto no significa que el equipo que no cumple reciba únicamente una marca negativa y nada más. Significa que el cierre del objetivo es la señal correcta del resultado, separada de la evaluación del esfuerzo y de las circunstancias. Un objetivo no cumplido puede coexistir con un reconocimiento explícito del trabajo realizado, con una conversación honesta sobre qué falló y con un plan para el siguiente trimestre. Lo que no puede hacer es desaparecer en un porcentaje que suaviza la realidad.

Hay una distinción que vale la pena hacer explícita: si durante el trimestre las circunstancias cambiaron de tal forma que el objetivo original ya no tiene sentido, la respuesta correcta no es declararlo cumplido. Es revisarlo de forma explícita, ajustarlo con consenso, y documentar el cambio. Un objetivo modificado conscientemente sigue siendo válido. Un objetivo que se declara cumplido sin haberlo logrado es el inicio del deterioro silencioso del sistema.

Lecciones aprendidas

La revisión de lecciones aprendidas es, en mi experiencia, la práctica que más equipos conocen, más equipos omiten y más impacto tiene cuando se hace bien. El cierre del trimestre sin esta sesión produce resultados: el siguiente trimestre arranca igual que el anterior, con los mismos errores de diseño, los mismos obstáculos no anticipados, la misma confusión sobre qué significa "cumplido" en ciertos tipos de objetivos.

El proceso tiene dos momentos que no pueden colapsarse en uno solo.

El primero es individual. Antes de la sesión colectiva, cada responsable de objetivo reflexiona por escrito sobre tres preguntas: ¿qué falló y por qué?, ¿qué funcionó mejor de lo esperado?, ¿qué harías diferente si volvieras a empezar este objetivo hoy? Este ejercicio no toma más de veinte minutos, y su valor no está en el tiempo que toma: está en que obliga a una revisión honesta antes de que la memoria colectiva del equipo reencuadre lo que ocurrió.

El segundo momento es colectivo. Una sesión donde cada responsable comparte su reflexión con el resto del equipo. El foco principal son los objetivos incumplidos, porque ahí están las oportunidades de mejora más concretas. Pero los objetivos cumplidos también merecen revisión: a veces un hallazgo en el camino mejoró la forma de trabajar, y ese aprendizaje tiene valor para quien enfrente un objetivo similar el siguiente trimestre.

La sesión colectiva tiene una regla muy clara: no es un espacio para asignar culpas. Es un espacio para identificar patrones. Si un objetivo falló porque la definición era ambigua, el aprendizaje es sobre cómo redactar mejor. Si falló porque una dependencia externa bloqueó el avance, el aprendizaje es sobre cómo mapear dependencias en el momento del diseño. Si falló porque el alcance era demasiado ambicioso para el equipo disponible, el aprendizaje es sobre calibración.

El resultado de estas sesiones no puede quedarse en la memoria de quienes estuvieron en la sala. Necesita un lugar donde vivir: un registro accesible, organizado por tipo de objetivo o por área de problema, que cualquier responsable pueda consultar antes de comprometerse con un nuevo objetivo. No tiene que ser sofisticado — un documento compartido con entradas ordenadas cronológicamente es suficiente para empezar.

Con el tiempo, esa base se convierte en uno de los activos más valiosos del equipo. No porque acumule información, sino porque acumula criterio: el saber colectivo de qué funciona y qué no en ese contexto específico, con ese equipo específico, en esa organización específica. Ningún libro externo — incluido este — puede reemplazar eso. Es la memoria del sistema, construida desde adentro.

El Responsable Único

Hay un error que aparece en casi todos los planes trimestrales que he revisado: el mismo nombre repetido frente a tres, cuatro, cinco objetivos distintos.

La intención es buena. Es la persona más capaz del área, la que resuelve, la que no falla. El problema es que nadie puede enfocarse en cinco cosas al mismo tiempo. Lo que parece una señal de confianza es, en realidad, una garantía de dispersión.

Manuel lo vivió en carne propia. Su plan trimestral tenía ocho objetivos. Seis llevaban su nombre como responsable. Los otros dos los tenía un colaborador al que también le había asignado otros tres proyectos "de soporte". Al final del trimestre, cuatro objetivos estaban incompletos, dos a medias y dos terminados por Manuel, que los había resuelto él mismo en las últimas dos semanas porque "ya no había tiempo".

No era un problema de capacidad. Era un problema de diseño.

La regla del Responsable Único parte de una premisa simple: en el plan trimestral, cada objetivo debe tener un solo responsable, y cada responsable debe tener un solo objetivo.

Esto no significa que el líder del área no pueda tener varios objetivos bajo su cargo. Puede y debe tenerlos. Lo que no puede hacer es cargarlos todos él mismo. Su trabajo es distribuirlos: asignarle a cada persona de su equipo un objetivo único en el que concentrará su energía durante el trimestre. Un objetivo. Una persona. Sin dilución.

Cuando alguien tiene un solo objetivo trimestral, sabe cómo luce el éxito. No tiene que negociar su atención entre prioridades que compiten. Y en la reunión de seguimiento, la conversación es simple: ¿avanzamos o no avanzamos?

Lo que Manuel descubrió, cuando rediseñó su plan con esta regla, no fue solo que los objetivos avanzaban más. Fue que su equipo empezó a moverse sin esperarlo. Cada quien sabía qué tenía que entregar. Y Manuel, por primera vez en años, tuvo espacio para pensar en el siguiente trimestre en lugar de rescatar el actual.

Hay una excepción, y vale la pena nombrarla: cuando el número de objetivos supera al número de personas disponibles, la regla no puede cumplirse. Pero antes de aceptarlo como un límite operativo, conviene leerlo como lo que probablemente es — una señal de que hay demasiados objetivos en el plan. Un trimestre no resuelve todo. Un equipo con foco resuelve más que un equipo con una lista.

Cuando la realidad no coincide con el plan

Habrá momentos en que el plan que construiste con tanto cuidado choca con una realidad que no lo respeta. El mercado cambia, aparecen prioridades que nadie anticipó, una dependencia clave falla, los recursos no llegan cuando se necesitan.

El plan es una guía, no una cadena. Puedes y debes hacer ajustes cuando las circunstancias lo justifican, tanto en los objetivos anuales como en los trimestrales. Lo importante no es la perfección del plan original. Lo importante es que cualquier cambio sea un acuerdo explícito, no una omisión silenciosa.

Un objetivo que se modifica con consciencia y consenso sigue siendo válido. Un objetivo que simplemente se deja de perseguir sin conversación es el inicio de la cultura del incumplimiento.

Parte 4. Diseño

Diseño: La arquitectura de la operación

"Lo que no se puede medir, no se puede mejorar."

— Lord Kelvin (William Thomson)

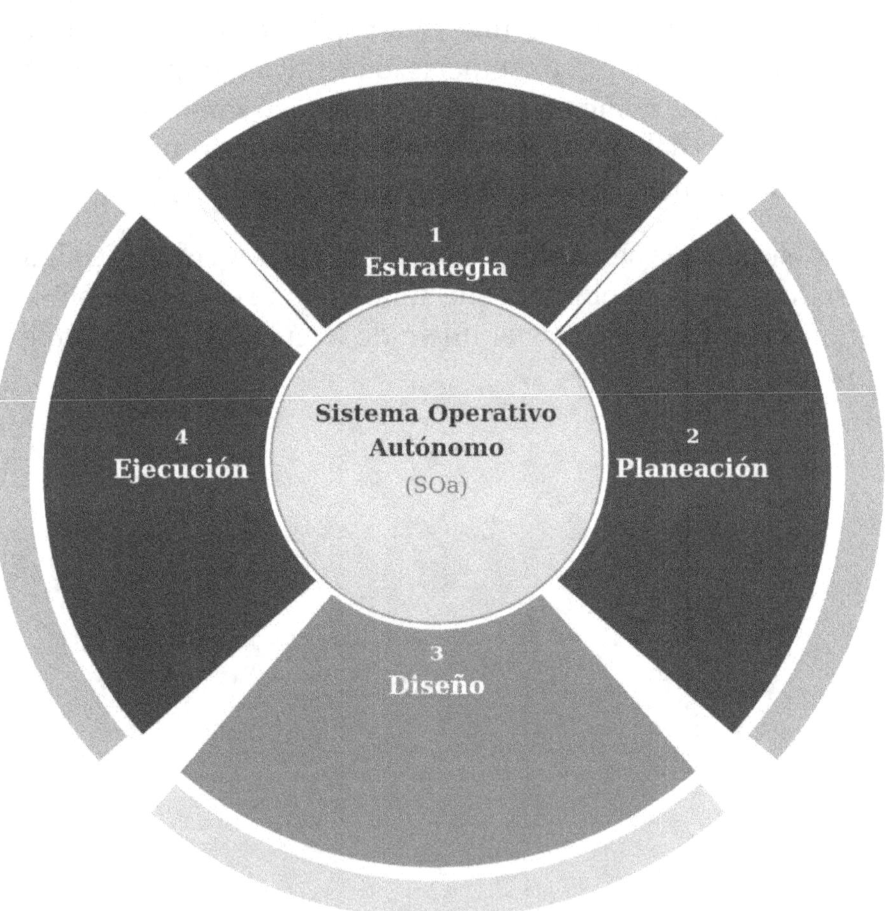

Capítulo 9. El BSC y sus 4 dimensiones

Manuel tiene reportes semanales, revisa números todos los días, conoce cada indicador de memoria. El problema es que mide solo lo que él puede resolver directamente. Lo que no puede controlar personalmente, no entra al tablero. El resultado es que su área tiene visibilidad perfecta de los síntomas que Manuel atiende, y ninguna visibilidad de los problemas que nadie está atendiendo porque nadie los está viendo.

En la revisión trimestral, su director le preguntó en qué dimensión del negocio estaban más rezagados. Manuel respondió con la velocidad promedio de resolución de incidentes. Su director lo escuchó y luego dijo: "Eso no era lo que te pregunté", dijo el director. Los equipos que no miden no mejoran. Pero los equipos que miden lo incorrecto tampoco.

El problema no suele ser la falta de métricas. El problema suele ser medir lo incorrecto, o medir solo una parte de la realidad y creer que eso es suficiente.

En una de las empresas donde trabajé conocí el Hoshin Kanri, un método de planeación estratégica japonés que conecta indicadores con acciones de forma muy clara. Me gustó su lógica, entendí sus fundamentos. Pero al investigar más descubrí el Balanced Scorecard, y algo en su filosofía me convenció de inmediato: su visión holística del negocio a través de cuatro dimensiones que se sostienen mutuamente.

Decidí adoptar el BSC como el lenguaje de medición del Sistema Operativo Autónomo (SOa).

Una pirámide, no una lista

Cuando explico las cuatro dimensiones del BSC, siempre lo hago de abajo hacia arriba. Esa dirección captura mejor la lógica real de cómo funciona un negocio.

Piensa en una pirámide. Los bloques de abajo sostienen a los de arriba. Si los bloques inferiores son débiles, los superiores colapsan. Si los bloques inferiores son sólidos, los superiores se sostienen solos.

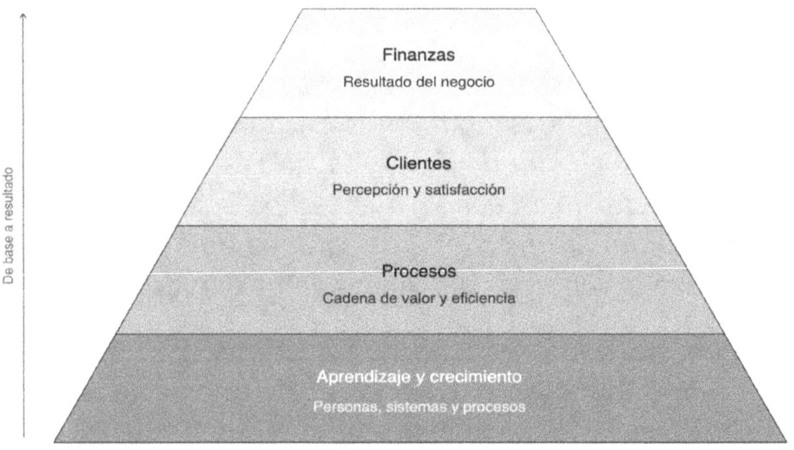

La base sostiene todo lo que está encima

Aprendizaje y Crecimiento es la base. Es todo lo que haces para mejorar de manera continua a tu gente y tus procesos. La capacitación del equipo, los planes de carrera, la documentación y estandarización de procesos, la mejora de los sistemas con los que trabaja la organización. Nada de esto produce resultados inmediatos ni visibles en el corto plazo, y por eso es lo primero que se recorta cuando hay presión. Ese es precisamente el error: sin esta base, todo lo que está encima eventualmente se debilita.

Procesos es el segundo nivel. Si mejoras a tu gente y los procesos con los que trabajan, verás una mejora en la ejecución del día a día. Esta dimensión mide tu cadena de valor en acción: qué tan bien estás haciendo lo que tienes que hacer, qué tan eficiente es la operación, qué tan consistentes son los resultados de tu ejecución principal.

Clientes es el tercer nivel. Si tu operación mejora, el cliente debería notarlo. Pero hay una trampa aquí que aprendí de la manera más incómoda.

En un momento de mi carrera lideraba un área de tecnología con un tablero muy enfocado en indicadores técnicos. Los números mejoraron de forma significativa: tiempos de respuesta, disponibilidad de sistemas, resolución de incidentes. Internamente estábamos orgullosos de los resultados. Pero no teníamos una medición formal de la percepción del cliente.

Cuando finalmente la implementamos, la sorpresa fue mayúscula: la satisfacción del cliente era muy baja. Técnicamente éramos mejores. Pero el cliente seguía sin estar satisfecho, porque lo que a él le dolía no era lo que nosotros estábamos midiendo.

En cuanto entendimos cuál era el dolor real, lo atacamos directamente y la percepción mejoró de forma notable. La lección fue clara: aunque hagas mejor tu trabajo, si no pones al cliente en el centro de tu medición, puedes estar mejorando en la dirección equivocada.

Finanzas corona la pirámide. Si el cliente está satisfecho, le estás generando valor real. Si le generas valor, hará más negocio contigo. Y eso se refleja en los resultados financieros:

mayor ingreso, mayor rentabilidad, mayor crecimiento. Las finanzas son la consecuencia de todo lo que sucedió bien en los tres niveles anteriores.

Por qué medir solo finanzas no es suficiente

La mayoría de los tableros ejecutivos que he visto en mi carrera están dominados por indicadores financieros. Son importantes, sin duda. Pero son la cima de la pirámide, no su base.

Medir solo finanzas es como manejar viendo únicamente el espejo retrovisor. Te dice dónde estuviste, no hacia dónde vas ni qué tienes que hacer para llegar ahí.

El BSC te da las cuatro vistas al mismo tiempo. Y esa visión completa es lo que hace posible tomar decisiones estratégicas en lugar de solo reaccionar a los números del mes.

Qué se mide en cada dimensión

Cada dimensión del Balanced Scorecard responde a una pregunta distinta sobre el negocio. Aprendizaje y Crecimiento responde: ¿estamos desarrollando las capacidades correctas para el futuro? Los indicadores típicos incluyen horas de capacitación por colaborador, rotación de talento clave y adopción de nuevas herramientas o metodologías.

Procesos responde: ¿estamos ejecutando bien nuestra operación hoy? Aquí entran tiempo de ciclo, productividad, errores operativos, cumplimiento de SLA y eficiencia en la cadena de valor principal del área.

Clientes responde: ¿el cliente percibe el valor que estamos generando? Los indicadores más comunes son satisfacción del cliente, tasa de retención, tiempo de respuesta y NPS. Esta es la dimensión que más frecuentemente se subestima en áreas corporativas internas que no tienen contacto directo con el cliente final.

Finanzas responde: ¿el negocio está generando los resultados económicos esperados? Ingresos, margen, costo de operación del área, presupuesto ejecutado vs. aprobado. Son los indicadores que la dirección mira primero, aunque sean los últimos en la cadena causal.

> *Kaplan y Norton documentaron que las organizaciones que gestionan su desempeño en las cuatro dimensiones del BSC logran una alineación estratégica significativamente mayor que las que solo miden resultados financieros. En empresas como Mobil Oil, Hilton Hotels y UPS, la brecha entre la estrategia declarada y los resultados reales se redujo de forma notoria. La conclusión es la misma que aplica en cualquier área: lo que no se mide en todas sus dimensiones no se puede gestionar en su totalidad.*
>
> *--- Robert S. Kaplan y David P. Norton, The Balanced Scorecard (Harvard Business School Press, 1996)*

Cómo construir tu tablero: menos es más

El error más común al construir un BSC es llenarlo de indicadores. Los equipos empiezan con diez, luego el área financiera pide agregar cinco más, luego la dirección pide otros tres. Antes de darte cuenta, tienes cuarenta y cinco indicadores que nadie puede revisar con profundidad en una sola sesión. Si tu tablero necesita scroll para verse completo, ya tienes la respuesta a la pregunta de si tienes demasiados indicadores.

La regla práctica es de tres a cinco indicadores por dimensión, entre doce y veinte en total. No es un límite arbitrario: un tablero con cuarenta y cinco indicadores no es más completo, es inoperable. Lo que no se puede revisar en una sola sesión con profundidad real no se gestiona —se reporta. Y reportar no es lo mismo que gestionar.

Cada indicador debe cumplir tres condiciones: tener un responsable claro, tener una meta definida y revisarse con frecuencia suficiente para detectar desviaciones antes de que se vuelvan problemas. Un indicador que nadie revisa no es un indicador. Es solo un número en una presentación.

Los tres errores más comunes al medir

Medir demasiadas cosas. Cuando todo se mide, nada importa. Los equipos terminan perdiéndose en reportes en lugar de enfocarse en mejorar. El tablero deja de ser una herramienta de gestión y se convierte en un ejercicio de reporteo.

Medir solo lo que es fácil. Muchas organizaciones miden lo que su sistema de información captura automáticamente. Pero lo importante no siempre es lo más fácil de medir. La satisfacción del cliente, el desarrollo del talento y la calidad del liderazgo son más difíciles de capturar, pero son fundamentales para el desempeño futuro.

Medir sin conectar con decisiones. Un indicador debe ayudar a tomar decisiones. Si un número cambia y nadie sabe qué hacer con él, probablemente no es un buen indicador estratégico. Antes de agregar un indicador al tablero, la pregunta que debes hacerte es: ¿si este número cae, qué haría diferente?

Por qué los indicadores financieros siempre llegan tarde

Los indicadores financieros son casi siempre históricos. Te dicen si ganaste o perdiste el partido. Son necesarios, pero tienen una limitación fundamental: cuando los ves en rojo, el problema ya ocurrió. No puedes intervenir en el pasado.

Los indicadores de las otras tres dimensiones de la pirámide son preventivos. Te dicen si probablemente vas a ganar el próximo partido. El desarrollo del talento esta semana predice la calidad de los procesos del próximo trimestre. La calidad de los procesos de hoy predice la satisfacción del cliente del mes siguiente. Y la satisfacción del cliente de este mes predice los resultados financieros del siguiente.

Si las finanzas están mal, el problema casi nunca está en las finanzas. Está en alguno de los tres niveles que las sostienen.

Las organizaciones que solo miran sus resultados financieros reaccionan al pasado. Las que miden sus capacidades, sus procesos y la percepción de sus clientes entienden el presente. Y las que entienden el presente pueden construir el futuro.

María empezó con cuatro preguntas, una por dimensión: ¿Qué esperan los clientes? ¿Qué esperan los que pagan? ¿En qué procesos tenemos que ser excelentes? ¿Qué tiene que aprender el equipo? Cuatro preguntas. De cada una salieron dos indicadores. Ocho en total. Cuando se los presentó a su equipo, uno de ellos preguntó: «¿Y los demás?» María respondió: «Si estos ocho están bien, los demás se cuidan solos.»

Capítulo 10. Gestión por excepción

Tener un BSC completo con indicadores en las cuatro dimensiones es un gran avance. Y también es el momento en que aparece el riesgo más silencioso de todo el sistema: medir mucho y gestionar poco.

No porque falten indicadores — eso ya lo vimos en el capítulo anterior. Sino porque los indicadores que hay miden si el sistema se ejecuta, no si el negocio avanza.

Fernando podía recitar de memoria los 34 indicadores de su tablero. Los revisaba cada semana, los coloreaba con precisión, los defendía en cada reunión de dirección. El problema no era que sus indicadores estuvieran en rojo. El problema era que casi siempre estaban en verde. Y cuando su director le preguntó por qué el área de negocio seguía sin confiar en su equipo a pesar de todos esos verdes, Fernando no tuvo respuesta. Había construido un tablero que medía al sistema, no al negocio. Nadie había definido si el sistema producía algo que al negocio le importara.

Esa noche Fernando revisó el tablero desde su casa. Los números seguían en verde. Todo igual. Pero la pregunta de su director no se iba: "¿Por qué el área de negocio no confía en tu equipo a pesar de todos esos verdes?"

No tenía respuesta. Y lo más incómodo no era no tenerla. Era que llevaba semanas sintiéndola llegar y eligiendo no hacerla en voz alta.

El lunes siguiente, Fernando llegó a la oficina antes que su equipo. Abrió el tablero. Estuvo una hora mirándolo.

Por un momento consideró lo impensable: borrar la mitad. Quedarse con quince, tal vez doce. Los que realmente movían algo. Abrió una hoja en blanco e intentó escribir cuáles serían. Llegó a ocho antes de detenerse. ¿Y si quitaba uno que sí importaba y no lo sabía? ¿Y si el problema no eran los indicadores sino cómo los usaban?

Cerró la hoja en blanco. Abrió el tablero. Agregó cuatro indicadores nuevos para cubrir el ángulo que le faltaba.

Cerró el tablero. Tenía treinta y ocho indicadores. Se sentía más cerca de la respuesta.

Al mediodía había agregado cuatro indicadores nuevos. Dos medían la percepción del cliente interno. Uno medía el tiempo de respuesta en las solicitudes que más afectaban al negocio. El cuarto medía la cobertura del sistema en las áreas donde la confianza era más baja.

Eran buenos indicadores. Eran exactamente lo que el director le había pedido.

Lo que Fernando no vio, porque nadie se lo dijo y él no se lo preguntó, era que el problema no era la falta de indicadores. Era que tenía treinta y cuatro, y el equipo ya había aprendido a producir los números correctos sin mover nada que al negocio le importara. Cuatro indicadores nuevos en ese sistema no iban a cambiar nada. Iban a enseñarle al equipo cuatro formas más de llegar al verde por el camino más corto.

Fernando cerró el tablero. Tenía treinta y ocho indicadores. Se sentía más cerca de la respuesta.

Dónde poner el foco

Tener el número correcto de indicadores es solo la mitad del trabajo. La otra mitad es saber dónde mirar.

La respuesta es simple: enfócate en los indicadores donde estás por debajo del objetivo. Los que están en verde, revísalos rápido, confirma que siguen bien y avanza. Los que están en rojo son donde vive la conversación importante, donde deben definirse acciones concretas, responsables y fechas.

Un error común es dedicar la mayor parte del tiempo de revisión a celebrar los indicadores que van bien. Es comprensible, es motivador, pero no es donde está el trabajo. El trabajo está en los números que no están donde deberían estar.

Cómo fijar el objetivo de un indicador

Antes de poder saber si un indicador está en rojo, necesitas saber cuál es el verde. Parece obvio. Pero la forma en que se define ese objetivo determina si el tablero va a generar tensión productiva o una sensación cómoda de que todo va bien.

Hay tres formas de fijar el objetivo de un indicador, y cada una produce un resultado distinto.

La primera es el objetivo histórico: tomar el promedio de los últimos meses y usarlo como referencia. Es la más fácil de justificar y la más peligrosa. Si tu área lleva doce meses resolviendo incidentes en 72 horas, un objetivo de 70 horas no te reta — te confirma. Usada sin criterio, esta forma produce indicadores que siempre están en verde y equipos que no mejoran.

La segunda es el objetivo de benchmark: buscar cómo opera una organización comparable en esa misma dimensión y usarlo como referencia. Más exigente, más honesto. El problema es que los benchmarks no siempre existen o no siempre son comparables. Un benchmark de la industria financiera no necesariamente aplica a una operación de manufactura, aunque el indicador sea el mismo.

La tercera es el objetivo aspiracional: partir de lo que el negocio necesita — no de lo que el área ha producido — y trabajar hacia atrás. Si el cliente interno necesita respuesta en 24 horas para que su operación no se detenga, el objetivo es 24 horas, independientemente de que hoy estés en 72.

El criterio que me ha funcionado mejor es combinar las tres en secuencia. El histórico te dice desde dónde partes. El benchmark te dice qué es posible. El aspiracional te dice a dónde tienes que llegar. El objetivo real vive en algún punto entre el benchmark y el aspiracional — lo suficientemente exigente para generar movimiento, lo suficientemente alcanzable para no desmoralizar al equipo en las primeras semanas.

El método: trabajar en las excepciones

Hay una manera de revisar indicadores que aprendí trabajando con uno de los directivos más orientados a resultados que he conocido en mi carrera. Su enfoque era tan claro que después de verlo en acción una sola vez, no pude volver a revisar un tablero de la misma manera.

Su mente iba de forma natural hacia donde las cosas no estaban bien. Si un indicador estaba en verde, lo brincaba. Si estaba en rojo, se detenía. No porque no valorara los resultados positivos, sino porque entendía que los buenos números ya estaban haciendo su trabajo solos. Los números en rojo eran los que necesitaban acción.

La pregunta que hacía al inicio de cada revisión era siempre la misma: ¿dónde estamos mal? La primera vez que me lo preguntó a mí me sentí evaluado. Después entendí que no era una acusación — era simplemente la única pregunta que valía la pena hacer cuando quedan cuarenta y cinco minutos de reunión y cinco indicadores en rojo. Todo lo que estaba en verde podía esperar. Lo que estaba mal, no.

Y lo que esperaba de la siguiente semana era también claro: con base en las acciones definidas, ese indicador ya debería estar dentro del objetivo. No siempre era posible, y él lo sabía. Pero lo que sí era innegociable era la tendencia: si las acciones eran correctas, el número debía estar moviéndose en la dirección correcta.

El directivo que conocí medía exactamente lo que podía mover. No tenía un indicador favorito ni un número que cuidara más que otros — tenía la disciplina de detenerse donde el sistema le decía que algo no iba bien, y no salir de ahí hasta tener un compromiso claro. Eso, más que cualquier metodología, era lo que hacía que sus revisiones valieran la pena.

Cómo estructurar la revisión del tablero

La secuencia que recomiendo para cada revisión semanal tiene cuatro momentos. Primero, el reconocimiento rápido: dos o tres minutos para reconocer de forma general dónde el equipo está produciendo buenos resultados. No es una celebración extensa, pero es real y específica. Los equipos necesitan saber que lo que hacen bien se nota.

Segundo, el análisis de desviaciones. Aquí empieza el trabajo real. Para cada indicador en rojo, tres preguntas: ¿por qué está fuera del objetivo?, ¿qué acción concreta va a moverlo?, ¿quién es el responsable y para cuándo? Sin estas tres respuestas, la revisión no produce ningún valor real.

Tercero, el seguimiento de compromisos anteriores. ¿Se ejecutaron las acciones de la semana pasada? ¿Tuvieron el impacto esperado? Este momento de rendición de cuentas es el que convierte las reuniones en cultura. Sin él, los compromisos son intenciones.

Cuarto, el análisis de tendencia. Un número aislado dice poco. Lo que importa es la dirección. Un indicador que lleva tres semanas consecutivas mejorando, aunque todavía no llegue al objetivo, está funcionando. Uno que lleva tres semanas estable en rojo está mostrando que las acciones no están siendo suficientes.

Cuando el tablero está verde y el negocio sigue sin notarlo

Hay un escenario más incómodo que tener indicadores en rojo: tenerlos todos en verde y recibir, aun así, una queja del cliente interno o del negocio que dice que nada ha mejorado.

Es el escenario de Fernando. 34 indicadores en verde. Cero confianza del negocio en su equipo.

La primera reacción suele ser defensiva. Los números están bien. El equipo está trabajando. Los objetivos se están cumpliendo. ¿Qué más quieren?

La respuesta incómoda es que los números pueden estar bien y el cliente puede tener razón al mismo tiempo. Y cuando eso ocurre, la causa casi siempre es una de dos desconexiones.

La primera desconexión: el objetivo estaba demasiado holgado.

Cumpliste lo que te propusiste, pero lo que te propusiste no era suficiente para que el cliente notara una diferencia. El área resuelve incidentes en 68 horas y el objetivo era 72. Verde perfecto. Pero el cliente necesitaba 24 para que su operación no se detuviera. Nunca se lo preguntaste, o si lo hiciste, no usaste esa respuesta para fijar el objetivo.

Este tipo de verde es el más costoso porque es el más difícil de ver desde adentro. El equipo celebra el cumplimiento. Los reportes muestran progreso. Y mientras tanto, la percepción del cliente se deteriora semana a semana porque la mejora que están midiendo no es la mejora que él necesita.

El diagnóstico es directo: sal del tablero y habla con el cliente. No para mostrarle los números — para preguntarle qué tendría que cambiar para que él percibiera una diferencia real. La respuesta que te dé es el objetivo que debiste haber fijado desde el principio.

La segunda desconexión: estás midiendo lo que puedes medir, no lo que importa.

Hay indicadores que son fáciles de construir, fáciles de medir y completamente irrelevantes para el cliente. El área los cumple con consistencia. El tablero se ve impecable. Y el cliente sigue sin sentir que algo cambió porque lo que mejoró no es lo que él experimenta cuando interactúa con el servicio.

Esta desconexión es más profunda que la primera porque no se resuelve ajustando un objetivo — requiere cuestionar si el indicador correcto es el que tienes en el tablero.

La pregunta que abre ese cuestionamiento es una sola: si este indicador mejora consistentemente durante tres meses, ¿el cliente lo va a notar sin que se lo digas? Si la respuesta no es un sí claro, el indicador probablemente no pertenece al tablero como indicador principal. Puede quedarse como indicador de monitoreo interno, pero no puede ser el número contra el que el área se evalúa.

Un tablero verde que no coincide con la percepción del cliente no es un éxito que el cliente no supo apreciar. Es una señal de que el sistema está midiendo su propio funcionamiento en lugar de su impacto.

Cuando el indicador lleva semanas en rojo y las acciones no lo mueven

Hay un momento específico en la vida de cualquier tablero BSC que pone a prueba la madurez del ejecutivo: el indicador que lleva tres, cuatro, cinco semanas en rojo, con acciones definidas, responsables asignados, seguimiento puntual — y que no se mueve.

La reacción instintiva es pedir más esfuerzo. Más seguimiento. Más reuniones. Y a veces eso funciona, porque el problema era de disciplina de ejecución.

Pero cuando el esfuerzo ya es real y el indicador sigue sin moverse, el problema raramente es operativo. Es estructural.

Un indicador que no responde a acciones operativas está mostrando que la causa raíz vive en un nivel que esas acciones no alcanzan. Puede ser un proceso que está fundamentalmente mal diseñado. Puede ser una capacidad que el equipo no tiene y que ninguna cantidad de esfuerzo va a reemplazar. Puede ser un objetivo que asumió condiciones que ya no existen. O puede ser que el indicador que elegiste no mide lo que creías que medía.

La señal de que llegaste a ese punto es clara: cuando en la revisión semanal el equipo ya no propone acciones nuevas porque ya probaron todo lo que se les ocurre, y el indicador sigue igual.

En ese momento, la conversación tiene que cambiar de tono. Ya no es "¿qué hacemos diferente esta semana?" Es "¿por qué este sistema no está produciendo el resultado que esperábamos?"

Esa segunda conversación es más incómoda. También es la única que puede resolver lo que la primera no ha podido. Porque hay problemas que no se resuelven con más acción — se resuelven con un diagnóstico más profundo y, a veces, con el valor de cambiar algo que se diseñó con la mejor intención pero que no está funcionando.

Un indicador estancado en rojo durante más de un mes no es un problema de ejecución. Es información sobre el sistema. La pregunta correcta no es quién falló. Es qué hay que rediseñar.

Del rojo al estándar: el paso que más se olvida

Hay un momento que los equipos suelen celebrar rápido y olvidar más rápido: cuando un indicador que llevaba meses en rojo finalmente se estabiliza en verde. El instinto natural es pasar al siguiente problema — y es un instinto razonable, porque siempre hay otro. Pero ese es exactamente el momento en que vale la pena detenerse a preguntar: ¿qué hicimos diferente? No para el reporte. Para que la próxima vez que ese indicador caiga, el equipo ya sepa por dónde empezar.

Esa diferencia no puede quedar en la cabeza de quien la descubrió. Tiene que documentarse como parte del proceso estándar. La mejora consistente debe convertirse en método. Cuando estandarizas lo que funcionó, el resultado deja de depender de que esa misma persona siga en el equipo, y el proceso documentado ahora contiene la ejecución ideal, no la promedio.

El tablero BSC no es un reporte de estatus. Es el sistema nervioso del área: detecta los problemas, activa la respuesta correcta y aprende de lo que funciona. Usado así, se convierte en el indicador que realmente cambia el negocio.

Cuando Manuel viajó tres días a una conferencia, su equipo siguió operando. Resolvieron incidentes, atendieron solicitudes, cumplieron compromisos. Pero ninguno podía decirte cómo estaba el área. Funcionaban por inercia, no por criterio. A su regreso, Manuel revisó los números y supo de inmediato que habían tenido una semana débil en un frente específico. Se lo dijo a su equipo. Ellos lo escucharon. Ninguno lo había visto venir. Porque sin Manuel, nadie sabía qué mirar.

El indicador que cambió el área de María no era el más obvio. No era satisfacción del cliente ni tiempo de resolución. Era el porcentaje de incidentes que el equipo detectaba antes de que el cliente los reportara. Cuando ese número subió del 12% al 67% en dos trimestres, todo lo demás mejoró solo. Ese era su indicador de proceso: el que predecía, no el que reportaba.

Capítulo 11. Indicadores de Resultado e Indicadores de Proceso

En el Sistema Operativo Autónomo (SOa) podemos distinguir entre dos tipos de indicadores que operan de manera fundamentalmente distinta: los de resultado y los de proceso.

Indicadores de resultado: el marcador

Un indicador de resultado es una consecuencia. Te dice qué pasó. Refleja el efecto acumulado de todo lo que hiciste, bien o mal, durante un período. Es el número que aparece al final del mes en el reporte ejecutivo.

Su característica más importante, y también su mayor limitación, es que no puedes cambiarlo directamente. Ya sucedió. Es historia.

Los ingresos del mes son un indicador de resultado. Los goles anotados en un partido de fútbol son un indicador de resultado. La satisfacción del cliente medida en una encuesta trimestral es un indicador de resultado.

Las medidas de resultado nos dicen si ganamos o perdimos. Son necesarias, pero no son suficientes.

Indicadores de proceso: la palanca

Un indicador de proceso mide las acciones que producen el resultado. Es preventivo porque, si lo estás monitoreando correctamente, te dice con anticipación si el resultado que esperas al final del período va a llegar o no.

Y a diferencia del indicador de resultado, este sí puedes moverlo hoy. Está bajo tu control directo.

El número de reuniones con clientes esta semana es un indicador de proceso que predice los ingresos del mes. Los tiros a portería durante el partido predicen los goles. Las horas de capacitación entregadas este trimestre predicen la mejora en los procesos del siguiente.

Las medidas de proceso nos dicen qué hacer hoy para ganar mañana.

El tablero completo

El BSC ideal combina ambos tipos en las cuatro dimensiones. Indicadores de resultado para saber dónde estás. Indicadores de proceso para saber qué hacer para mejorar.

Un tablero que solo tiene indicadores de resultado te dice constantemente cómo terminó el partido, pero nunca te ayuda a jugarlo mejor. Un tablero que solo tiene indicadores de proceso puede generar mucha actividad sin claridad de si esa actividad está produciendo los resultados correctos.

La combinación de ambos es lo que convierte el BSC en una herramienta de gestión real, no solo de reporte.

Para niveles directivos o ejecutivos, una versión simplificada con solo indicadores de resultado puede ser suficiente para comunicar el estado del negocio de forma clara y rápida. Pero para gestionar y ejecutar, necesitas el tablero completo.

Recuerda siempre: los resultados son consecuencia de la buena ejecución del proceso. No te enfoques solo en medir el destino. Mide también el camino.

Cómo validar que el par funciona

Elegir un indicador de proceso es solo la mitad del trabajo. La otra mitad es verificar que realmente predice el resultado antes de construir toda la gestión del área alrededor de él.

El error que veo con frecuencia es asumir la correlación en lugar de probarla. Parece lógico que si el equipo hace más llamadas a clientes esta semana, los ingresos del mes subirán. Parece lógico que si los mantenimientos preventivos se ejecutan a tiempo, la disponibilidad de los sistemas mejorará. Y muchas veces esa lógica es correcta. Pero muchas otras veces, la relación que parece obvia en el papel no se sostiene en la operación real.

Antes de comprometerte con un indicador de proceso como palanca principal de tu tablero, hay una forma simple de validarlo: obsérvalos en paralelo durante cuatro a seis semanas sin gestionar activamente ninguno de los dos. Solo mide. Registra semana a semana cómo se mueven el indicador de proceso y el de resultado. Al final de ese período, la pregunta es directa: cuando el indicador de proceso sube, ¿el de resultado mejora en las semanas siguientes? ¿Con qué rezago? ¿Con qué intensidad?

Si la correlación es visible, tienes tu palanca. Si no lo es, tienes información valiosa: ese proceso no es el que produce el resultado que creías, y necesitas seguir buscando.

La paciencia de este ejercicio vale la inversión. Un equipo que construye su gestión semanal alrededor de un indicador de proceso que no correlaciona con el resultado está trabajando duro en la dirección equivocada. Y lo más difícil de ese escenario es que el trabajo se siente productivo hasta que los resultados del trimestre llegan y nadie entiende por qué no se movieron.

Manuel sabía cuántos incidentes había cerrado el mes pasado. Los cerraba con eficiencia y los olvidaba con la misma velocidad. Lo que nunca midió fue el proceso que los producía: el tiempo de detección, la cobertura de monitoreo, la tasa de recurrencia. Cada incidente cerrado hacía verde una métrica. Mientras tanto, la causa raíz seguía intacta, produciendo el siguiente.

Algunos resultados tardan en responder. Un indicador de proceso que mejora hoy puede tardar dos o tres meses en reflejarse en el resultado que mide. Ese rezago es normal — no es señal de que el par esté mal elegido, ni de que algo esté roto. El error frecuente es no saberlo y cambiar el indicador antes de que se cumpla su tiempo natural de respuesta. Cuando eso se vuelve hábito, los equipos terminan rotando métricas tan seguido que nunca acumulan el historial suficiente para saber qué funciona realmente.

A mí me pasó de forma muy clara con el NPS. Habíamos ejecutado varias mejoras en los procesos del área y los indicadores operativos lo confirmaban: las métricas de proceso respondían bien. Pero el NPS no se movía. Semanas sin cambio. La tentación de concluir que algo había fallado era real. Sin embargo, decidimos mantener el rumbo — y varios meses después la tendencia empezó a aparecer: una mejora consistente y sostenida en el NPS, precisamente cuando los indicadores de proceso ya no registraban avances tan notorios. El resultado había llegado, solo que en su propio tiempo.

La regla que uso como referencia: dale al par al menos un ciclo completo de medición — generalmente un trimestre — antes de cuestionar si la correlación existe. Si al final de ese ciclo el resultado no muestra ningún movimiento en la dirección correcta, y la ejecución del proceso fue sólida durante todo ese período, entonces sí tienes evidencia suficiente para concluir que el indicador de proceso no era la palanca correcta.

Cuando llegues a esa conclusión, no la trates como un fracaso. Trátala como lo que es: aprendizaje sobre cómo opera realmente tu negocio. El indicador que no funcionó te dice que el resultado que importa tiene otras causas. Esa información vale más que meses de reportes que confirman lo que ya sabías.

La trampa del cumplimiento vacío

La historia de Fernando en este capítulo merece una lectura más cuidadosa, porque el error que cometió es más común de lo que parece y más difícil de detectar.

Fernando no tenía un equipo que ignoraba los indicadores. Tenía un equipo que los cumplía con precisión. El formato de seguimiento llegaba puntual cada semana. Los números del proceso estaban en verde. Y los resultados no se movían.

Lo que Fernando descubrió tarde es que hay una diferencia entre cumplir un indicador y ejecutar el proceso que ese indicador debería medir.

Cuando el equipo aprende cuál es el número que el ejecutivo revisa, aprende también, sin necesidad de que nadie se lo enseñe, cómo llegar a ese número por el camino más corto. Que no siempre es el mismo camino que produce el resultado.

El número de visitas a clientes puede cumplirse con visitas de cortesía que no avanzan ninguna oportunidad. El porcentaje de mantenimientos preventivos ejecutados puede cumplirse documentando mantenimientos que en realidad no se hicieron con el rigor necesario. Las horas de capacitación entregadas pueden registrarse sin que nadie haya aprendido nada verificable.

Esto no es necesariamente deshonestidad deliberada. Es la respuesta natural de cualquier equipo a la presión de cumplir una métrica cuando el proceso detrás de esa métrica no está suficientemente definido.

La solución no es desconfiar del equipo. Es definir el proceso con suficiente claridad para que el indicador no pueda cumplirse de otra forma que no sea la correcta. Cuando el proceso está bien documentado, la forma correcta y la forma que produce el número son la misma.

Si tus indicadores de proceso están consistentemente en verde y los resultados no se mueven, antes de cambiar los indicadores, revisa la definición de los procesos que los producen. Ahí casi siempre está la respuesta.

Tres ejemplos que lo explican todo

La diferencia entre un indicador de resultado y uno de proceso se entiende mejor con ejemplos concretos. Estos tres vienen de industrias distintas, pero el principio es el mismo en cada uno.

Ventas. La venta es una consecuencia. Lo que produce la venta es la ejecución diaria del equipo comercial. El ingreso del mes es un indicador de resultado, pero las llamadas que el equipo hizo a clientes esta semana son el indicador de proceso. Si quieres mejorar el ingreso del próximo mes, no puedes actuar directamente sobre él. Pero sí puedes intervenir en el número de contactos de esta semana, y eso moverá el marcador en treinta días.

La venta es una consecuencia. Lo que haces para lograrla es la ejecución real. Mide la ejecución y el resultado llegará solo.

Tecnología. La disponibilidad de los sistemas es el indicador de resultado por excelencia en cualquier área de TI. Pero la disponibilidad es el reflejo de los mantenimientos preventivos ejecutados a tiempo, del monitoreo activo de servicios, de la anticipación ante una posible falla. Si solo mides disponibilidad, sabes si ganaste o perdiste el partido. Si también mides los indicadores de proceso que la producen, puedes intervenir antes de que el sistema falle.

Atención al cliente. El NPS, el nivel de satisfacción del cliente, es uno de los indicadores de resultado más comunes. Pero el NPS ya refleja lo que el cliente vivió. Lo que sí puedes mover hoy son el tiempo de respuesta a sus solicitudes, el tiempo de resolución de sus problemas y la cantidad de fricciones que enfrenta en cada interacción. Esos son los indicadores de proceso que producen el NPS del siguiente trimestre.

Una tabla que puedes aplicar hoy

Para identificar los pares de indicadores en tu propia operación, aquí hay cuatro ejemplos comunes. En cada caso, el indicador de resultado es lo que ves al final del período, y el indicador de proceso es lo que puedes mover hoy para cambiarlo.

En ventas: resultado es el porcentaje de cumplimiento del plan; proceso es el número de visitas o llamadas a clientes esta semana. En logística: resultado es el porcentaje de entregas a tiempo; proceso es el porcentaje de rutas planeadas y confirmadas antes de la salida. Para costo logístico: resultado es el costo de transporte por unidad; proceso es el porcentaje de capacidad de los camiones utilizada.

En operaciones: resultado es la productividad por hora; proceso es el tiempo efectivo de operación versus tiempo muerto. Para cartera vencida: resultado es el monto vencido; proceso es el número de clientes contactados para cobranza preventiva. En tecnología: resultado es disponibilidad de sistemas; proceso es el porcentaje de mantenimientos preventivos ejecutados en tiempo.

El error más común al elegir indicadores

El error que veo más frecuentemente no es elegir el indicador equivocado. Es elegir solo indicadores de resultado y ninguno de proceso. La consecuencia es predecible: el equipo llega a la revisión semanal sabiendo que los números están mal, pero sin ningún mecanismo para identificar por qué ni para intervenir antes de que el siguiente período se cierre igual.

El segundo error es elegir indicadores de proceso que no tienen correlación real con el resultado que importa.

El tablero ideal combina ambos tipos en proporciones similares. Los de resultado para saber dónde estás. Los de proceso para saber qué hacer hoy para llegar a donde quieres estar mañana.

Capítulo 12. Por qué los procesos liberan, no encadenan

Manuel tenía una respuesta lista para cualquier sugerencia sobre documentar procesos: "Llevamos quince años sin necesitarlos. El área funciona." Era verdad. El área funcionaba. Lo que Manuel no veía era por qué funcionaba: porque él mismo era el proceso.

Cada decisión importante pasaba por su criterio. Cada excepción llegaba a su escritorio. Cada nuevo colaborador aprendía observándolo a él. El área operaba porque Manuel estaba presente, porque Manuel recordaba, porque Manuel resolvía.

Cuando dos de sus colaboradores más antiguos —los que más sabían, los que más años llevaban— salieron en el mismo mes, el efecto fue inmediato. La operación no colapsó de golpe. Lo hizo gradualmente, y por eso fue más difícil de ver: cada semana salía un poco peor que la anterior. Los incidentes que antes se resolvían en horas tardaban días. Las decisiones que antes fluían quedaban suspendidas esperando que alguien "lo hiciera como Manuel lo haría".

Sin proceso documentado, el conocimiento se había ido con las personas. El área, de repente, no sabía cómo era que funcionaba.

Tres semanas después, Manuel intentó escribir el proceso que sus dos colaboradores ejecutaban. Tardó cuatro horas en reconstruir algo que debió documentar hace diez años. Y cuando terminó, se dio cuenta de que había partes que no recordaba con precisión. Partes que ya no estaban en ningún lado.

Hay una razón muy concreta por la que tantos ejecutivos terminan siendo el cuello de botella de su propia área. No es falta de visión ni de ambición. Es que están tan metidos en hacer funcionar la operación, tan involucrados en cada decisión y cada detalle, que nunca tienen tiempo para pensar más allá del día de hoy.

Hay un costo de oportunidad que ningún estado de resultados captura: el tiempo que el ejecutivo pasa haciendo lo que su equipo debería saber hacer. En una empresa anterior donde trabajé, teníamos una medición de actividades diarias, aproveché para analizar una semana típica mía y de mi equipo y me di cuenta que destinábamos entre cuatro y seis horas a la semana, a resolver dudas que tendrían respuesta si alguien hubiera documentado el proceso alguna vez. No es que el equipo no quisiera resolverlo solo. Es que nadie había escrito cómo se hacía.

El primer proceso que María documentó fue el de atención a incidentes críticos. No porque fuera el más importante. Porque era el que más veces le habían escalado esa semana. Tomó noventa minutos con el equipo. Dibujaron los pasos en un rotafolio. Identificaron quién decidía qué. Escribieron dos páginas. Tres semanas después hubo un incidente a las once de la noche. María no recibió ninguna llamada. Al día siguiente encontró el reporte en su correo: el equipo lo había resuelto en cuatro horas siguiendo exactamente lo que habían dibujado. María me dijo que lo primero que pensó cuando leyó el reporte fue: "¿por qué no lo hicimos antes?" No lo sé. Probablemente porque nadie tiene tiempo de documentar procesos cuando está ocupado resolviendo lo que falta documentar.

Fernando había documentado los procesos de su área con una precisión que ningún auditor podría cuestionar. Cada proceso tenía su diagrama de flujo, su matriz RACI, su tabla de excepciones y su historial de versiones. El proceso de atención a solicitudes del cliente interno tenía cuarenta y siete pasos documentados y un árbol de decisiones con diecinueve ramas.

Cuando llegaba alguien nuevo al área, Fernando le entregaba una carpeta de ciento veinte páginas y le decía: «Todo está aquí.»

Nadie la leía. No porque el equipo fuera negligente, sino porque nadie puede operar desde ciento veinte páginas. La documentación era tan exhaustiva que había dejado de ser una guía para convertirse en un archivo. El proceso existía. Lo que no existía era alguien que pudiera seguirlo sin perderse.

La señal llegó seis meses después, cuando un colaborador nuevo cometió exactamente el mismo error que otro había cometido el año anterior. Fernando revisó el proceso documentado: el paso correcto estaba ahí, en la página cuarenta y tres, inciso d, nota al pie. Nadie lo había encontrado. Fernando agregó una alerta en el paso veintidós con un hipervínculo a la página cuarenta y tres.

El siguiente colaborador nuevo cometió el mismo error.

Qué es un proceso en la práctica

Un proceso es el entendimiento de cómo trabaja tu área, puesto por escrito con la claridad suficiente para que cualquiera lo siga. No un manual de cuatrocientas páginas ni un diagrama de flujo archivado en una carpeta que nadie abre.

Un proceso es el entendimiento de la forma en que trabaja tu área. Es definir la mejor manera de hacer las cosas, documentarla con claridad suficiente y asegurarte de que todos lo hagan de la misma manera.

Cuando eso sucede, algo notable ocurre: ya no necesitas estar presente para que las cosas salgan bien. El proceso sostiene la operación en tu ausencia. Tu equipo tiene una guía. Las decisiones del día a día tienen un marco de referencia. Y tú tienes tiempo para pensar en lo que realmente importa.

He visto casos donde el crecimiento de una empresa no se explica por el producto ni por la inversión. Se explicaba por algo más simple y más poderoso: documentaron la mejor forma de construir y operar una tienda, y comenzaron a replicar ese modelo de manera sistemática. Cada nueva tienda era una copia mejorada de la anterior. No dependían de que el director de operaciones estuviera presente en cada apertura. El proceso hacía el trabajo. Hoy es la empresa privada más grande de México, esa consistencia no es accidental: es el resultado de décadas construyendo sistemas que operan sin depender de personas específicas.

En 1990, el MIT publicó La máquina que cambió el mundo, el estudio más amplio jamás realizado sobre la industria automotriz. Los investigadores compararon a Toyota con los fabricantes occidentales y encontraron que Toyota los superaba consistentemente en productividad, calidad y eficiencia. La diferencia no era tecnología superior ni trabajadores más talentosos. Era el Sistema de Producción Toyota: un método documentado, estandarizado y mejorado continuamente que cualquier persona en la organización podía entender y seguir. La tesis central del estudio: el sistema es más determinante que el esfuerzo individual.

— Womack, Jones y Roos, The Machine That Changed the World (MIT, 1990)

El primer paso: procesos de alto nivel

Antes de documentar cualquier detalle, necesitas entender la arquitectura general de tu operación. Párate en un nivel alto y pregúntate: si viera desde arriba cómo funciona mi empresa o área, ¿cómo la dividiría?

Esa vista de alto nivel es tu primer nivel de procesos. Son los grandes bloques que describen cómo opera el negocio. Lo importante es que esta definición te dé claridad a ti y a tus colaboradores de cómo opera la empresa.

Lo perfecto es enemigo de lo práctico

Una vez que tienes la arquitectura clara, llega la tentación más peligrosa de toda la documentación de procesos: querer documentarlo todo, con todo el detalle posible, cubriendo cada excepción imaginable.

Lo viví de cerca. En una empresa donde trabajé, un equipo dedicó meses enteros a documentar exactamente todo lo que sucedía en cada proceso, llegando a un nivel de detalle que cubría hasta las situaciones más inusuales. Después de seis meses de trabajo, apenas habían liberado la documentación de una sola función. Llevar ese nivel de detalle a toda la organización habría tomado cinco años. Y para cuando terminaran, el mundo ya habría cambiado y gran parte de lo documentado habría quedado obsoleto.

El método correcto es documentar con un nivel de detalle suficiente para que sea una guía real para tu equipo, sin pretender cubrir cada escenario posible. El valor del tiempo invertido en documentación debe ser proporcional al valor del resultado que produce.

Aquí la Ley de Pareto nos da la clave: el 80% de las transacciones de tu área suceden con el 20% de los escenarios posibles. Documenta ese 20% con claridad y tendrás cubierta la gran mayoría de la operación. Las excepciones que no están documentadas tienen un tratamiento simple: escalarlas para autorización.

La objeción más común

Siempre habrá alguien en el equipo que diga que su área no se puede estandarizar. Que cada caso es diferente. Que documentar procesos les quitará flexibilidad para resolver situaciones complejas.

Es un argumento comprensible, pero está equivocado.

Los procesos no eliminan el criterio. Lo enmarcan. Un proceso bien documentado le dice al colaborador cómo manejar la gran mayoría de las situaciones, liberando su energía mental para los casos que realmente requieren juicio. Sin proceso, cada situación, incluso las más rutinarias, consume atención y tiempo que podrían dedicarse a lo que verdaderamente importa.

Documentar no es suficiente: el proceso tiene que vivir

El error más común después de documentar es archivar. El proceso queda en un repositorio, se anuncia en una reunión y nunca más se menciona. Seis meses después, nadie lo sigue y nadie recuerda dónde está.

De nada sirve documentar si nadie usa lo documentado.

Para que un proceso realmente viva en la organización necesitas tres cosas: comunicación clara de por qué existe y qué resuelve, capacitación al equipo para que lo entienda y lo adopte, y refuerzo constante en el día a día. La inducción de nuevos colaboradores es el momento más importante para esto. Si el proceso forma parte del onboarding desde el primer día, se convierte en parte de la cultura.

Los procesos estándar de cualquier negocio

Antes de documentar cualquier proceso, el Sistema Operativo Autónomo (SOa) establece una arquitectura base que se aplica a cualquier área, sin importar la industria ni el tamaño de la organización. No son ejemplos ni sugerencias. Son los cinco procesos que toda área tiene, aunque no los haya nombrado así.

Los llamarás de formas distintas. Un área de manufactura llamará "Operaciones" a lo que un despacho legal llama "Entrega de servicios". Un área interna de tecnología no tendrá un "Comercial" en el sentido tradicional, pero sí tendrá un proceso para gestionar la demanda de sus clientes internos y comunicar su propuesta de valor. La forma cambia. La estructura no.

Estos cinco procesos son el Nivel 1 del SOa: la vista más alta desde la que se puede entender cómo opera cualquier organización. Todo lo que tu área hace cabe en alguno de ellos.

Si alguien quería saber cómo funcionaba el área de Manuel, tenía que preguntarle a Manuel. No porque no hubiera documentación —había presentaciones, correos, hojas de cálculo. Sino porque ningún documento decía lo que Manuel sabía: por qué se hacía de esa forma, qué excepción aplicaba en qué contexto, a quién llamar cuando la regla no alcanzaba. Ese conocimiento vivía en él. Era su mayor activo y su mayor vulnerabilidad. El día que Manuel se fue de vacaciones por primera vez en dos años, su equipo lo llamó cuatro veces en el mismo día. Eran completamente capaces — solo que los procesos no existían en ningún lugar al que pudieran ir sin él.

Comercial

Es todo lo que hace la empresa para lograr vender su producto o servicio. Aquí viven las funciones de marketing y ventas: la atracción de clientes, la generación de demanda, la negociación, el cierre, la gestión de cuentas. Sin este proceso, el negocio no tiene ingresos. Es el motor que alimenta todo lo demás.

Operaciones

Es todo lo que hace la empresa para que el producto o servicio sea producido y entregado al cliente. Compras, manufactura, almacenaje, logística, entrega. Es la promesa que la empresa le hace al cliente hecha realidad. Si el proceso comercial abre la puerta, el proceso de operaciones es lo que entra por ella.

Finanzas

Es el seguimiento riguroso de la salud económica del negocio. Contabilidad, administración, planeación financiera, control de costos. Este proceso convierte la operación en números que permiten tomar decisiones con claridad. Una empresa que no gestiona bien sus finanzas puede tener excelentes operaciones y aun así desaparecer.

Talento

Aunque históricamente se ha tratado como un área de soporte, la realidad es que ninguna empresa puede operar sin gestionar bien a su gente. Este proceso cubre todo el ciclo de vida del colaborador: atracción y selección, contratación, inducción, nómina, capacitación, desarrollo y planes de carrera, hasta la desincorporación. Las empresas que tratan este proceso como secundario pagan el precio en rotación, desempeño y cultura.

Tecnología

Cualquier empresa hoy necesita tecnología para operar, y el principal diferenciador competitivo de las organizaciones modernas se construye, en gran medida, a través del uso eficiente de ella. Desde la automatización de procesos y la reducción de costos operativos, hasta la generación de nuevos modelos de negocio. Los procesos de TI cubren la implementación de nuevas soluciones, la operación de las plataformas existentes, la atención al negocio, la entrega de información para decisiones y, cada vez más, la seguridad de la información como activo crítico.

Los tres niveles de documentación

Para documentar estos procesos sin caer en la trampa de la burocracia, recomiendo un modelo de tres niveles que equilibra claridad y practicidad.

El Nivel 1 son los cinco grandes procesos que acabamos de describir. Es la vista más alta, la arquitectura general de cómo opera la empresa.

El Nivel 2 desglosa cada proceso macro en sus procesos. Por ejemplo, dentro del proceso Comercial podrías tener: generación de demanda, proceso de ventas y gestión de cuentas.

El Nivel 3 documenta las grandes actividades de cada proceso. No cada tarea ni cada clic, sino los pasos principales que cualquier colaborador necesita conocer para ejecutar correctamente.

Con estos tres niveles tienes una guía real y usable. Suficiente detalle para que el equipo sepa cómo hacer su trabajo. Suficiente flexibilidad para que puedan adaptarse cuando el escenario lo requiere. Y suficiente agilidad para actualizar la documentación cuando el negocio cambia, sin tener que reescribir un manual enciclopédico cada vez.

Cómo documentar un proceso de forma práctica

Una vez que entiendes los tres niveles de documentación, la pregunta natural es: ¿cómo se documenta realmente un proceso?

La respuesta es más simple de lo que la mayoría de las organizaciones cree. No necesitas consultoras externas ni manuales de cientos de páginas. Necesitas tres cosas: claridad sobre el resultado del proceso, identificar las etapas principales, y definir responsables claros. Un proceso bien documentado puede capturarse, en muchos casos, en una sola página.

El formato que uso tiene cuatro elementos. El primero es el propósito: ¿qué resultado produce este proceso para el negocio? El segundo son las entradas: ¿qué información o recursos necesita para poder ejecutarse? El tercero son las actividades principales: las etapas clave que transforman las entradas en un resultado. El cuarto son las salidas: el resultado final que entrega al siguiente proceso o al cliente.

Este esquema permite que cualquier persona entienda rápidamente qué debe hacer, cuándo debe hacerlo y qué resultado debe generar. No describe cada conversación, ni cada correo, ni cada clic en el sistema. Describe lo que realmente importa: el flujo lógico del trabajo.

Un ejemplo concreto: cierre de ventas

Imaginemos un proceso dentro del proceso macro Comercial: el cierre de ventas. El propósito del proceso es convertir oportunidades calificadas en clientes activos. Las entradas son: cliente interesado, propuesta comercial y condiciones de negociación. Las actividades principales son: presentar la propuesta al cliente, resolver dudas técnicas o comerciales, ajustar condiciones finales, obtener confirmación del cliente y formalizar el contrato o pedido. La salida es: cliente confirmado y pedido registrado en el sistema.

Este nivel de documentación es suficiente para que cualquier persona nueva en el área entienda el flujo general. No cubre cada excepción posible, pero captura la mejor práctica estándar.

Regla de oro: si un proceso necesita más de dos páginas para explicarse, probablemente está mal diseñado. Los procesos complejos suelen esconder pasos innecesarios, responsabilidades difusas o decisiones que deberían estar estandarizadas.

Los tres errores más comunes al documentar procesos

A lo largo de mi carrera he visto organizaciones cometer los mismos errores una y otra vez cuando documentan procesos. Conocerlos de antemano puede ahorrarte meses de trabajo mal invertido.

Documentar demasiado. El error más frecuente es intentar capturar cada tarea y cada excepción posible. El resultado son manuales enormes que nadie lee. Cuando los procesos se vuelven enciclopedias, dejan de ser herramientas de trabajo. La documentación debe explicar el flujo principal, no todas las variaciones posibles.

Procesos sin dueño. Un proceso sin responsable claro es un proceso condenado al caos. Cada proceso debe tener un owner: alguien responsable de su funcionamiento, de su mejora continua y de su actualización cuando las circunstancias cambien. Sin esta figura, los procesos se vuelven obsoletos rápidamente y nadie se hace responsable de actualizarlos.

Procesos que nunca se actualizan. Los negocios cambian, las tecnologías cambian, las estrategias cambian. Por lo tanto, los procesos también deben cambiar. Una buena práctica es revisar los procesos al menos una vez al año, o cada vez que ocurra un cambio importante en la operación o en la estrategia.

Por qué documentar procesos revela más de lo que parece

Algo que aprendí con el tiempo es que documentar procesos no solo sirve para explicarlo. Sirve también para descubrir ineficiencias. Muchas organizaciones encuentran sus problemas más importantes simplemente al intentar describir cómo trabajan.

Cuando intentas documentar un proceso y no puedes explicarlo en dos páginas, eso es una señal. Cuando varios miembros del equipo describen el mismo proceso de formas completamente distintas, eso también es una señal. Cuando nadie puede identificar quién es responsable de una etapa específica, eso es una tercera señal.

La documentación de procesos, bien hecha, es un diagnóstico. Te muestra dónde está la fricción, la ambigüedad y la oportunidad de mejora.

Cuando los cinco grandes procesos están claros y documentados, el área deja de depender de héroes individuales. El trabajo deja de vivir solo en la cabeza de las personas y empieza a vivir en el sistema. Eso es lo que hace posible escalar, integrar nuevos colaboradores y mejorar de forma continua.

Capítulo 13. La estructura sigue a la estrategia

Hace algunos años, mientras intentaba diseñar la estructura de mi área, un consejero de empresas me detuvo con una frase que me quedó grabada para siempre: la estructura sigue a la estrategia.

En ese momento estaba haciendo exactamente lo contrario. Quería definir quién reportaba a quién antes de tener claro qué queríamos lograr, hacia dónde íbamos y cómo operaríamos para llegar ahí. Era como diseñar el equipo antes de conocer el partido que íbamos a jugar.

Tenía toda la razón. Desde ese día no doy este paso sin antes tener clara la estrategia y, más aún, sin tener documentados los procesos. Porque son precisamente los procesos los que dictan qué funciones necesita la organización, y esas funciones son las que definen la estructura.

Fernando diseñó su estructura para que encajara con el método que quería implementar. Cada rol existía para alimentar un proceso del sistema. Cada proceso producía un reporte. Cada reporte confirmaba que el sistema seguía en marcha. Era una arquitectura que se sostenía a sí misma con elegancia. El problema llegó cuando la estrategia del negocio cambió: un nuevo mercado, un competidor que obligó a redirigir recursos, una prioridad que no existía en el diseño original. Fernando pasó cuatro meses intentando adaptar la estructura al nuevo contexto. No pudo. El sistema que había construido para dar orden era demasiado rígido para moverse. La estructura que debía servir a la estrategia se había convertido en su principal obstáculo.

El organigrama de Manuel tenía quince años. Había nacido cuando el área tenía doce personas y tres grandes funciones. Hoy tenía cuarenta y dos personas y ocho funciones distintas. Nadie había tocado el organigrama porque nadie quería la conversación que implicaba tocarlo. Manuel tampoco. La estructura que había construido lo había llevado hasta ahí. Cambiarla se sentía como borrar la historia. Lo que no había visto era que esa estructura —diseñada para el área que fue— era la razón por la que el área no podía convertirse en lo que necesitaba ser.

Qué es la estructura en el contexto del Sistema Operativo Autónomo (SOa)

La estructura es la forma en que organizas a tu equipo para que la estrategia pueda ejecutarse — no un organigrama de RRHH, ni un ejercicio administrativo. Es la forma en que organizas a tu equipo para que la estrategia pueda ejecutarse.

Una estructura bien diseñada resuelve uno de los problemas más costosos y más silenciosos de cualquier organización: la ambigüedad de responsabilidad.

Cuando nadie es claramente responsable de algo, ese algo no sucede. Todos asumen que alguien más lo está atendiendo, y el resultado es que nadie lo atiende. Pero el problema opuesto es igual de dañino: cuando dos personas son responsables de lo mismo, tampoco sucede. Cada una espera que la otra tome la iniciativa, o peor, ambas lo hacen de formas distintas generando confusión y conflicto.

Una estructura clara elimina esas ambigüedades. Define quién es responsable de qué, dónde termina el rol de una persona y dónde empieza el del siguiente, y cómo se conectan las partes para que el todo funcione.

Cómo la estrategia y los procesos definen la estructura

El punto de partida son los cinco procesos que definimos en la parte anterior: Comercial, Operaciones, Finanzas, Talento y Tecnología. En la mayoría de las organizaciones, cada uno de estos procesos tiene un líder que reporta directamente al director o responsable general del área o empresa.

Las funciones de cada rol están dictadas por los procesos documentados. Si ya tienes claridad de qué actividades pertenecen a cada proceso, ya tienes claridad de qué hace cada líder. Y la función principal de cada líder no es ejecutar el proceso. Es hacer que el proceso suceda. Es habilitar el Sistema Operativo Autónomo (SOa) en su área, asegurarse de que el equipo lo entiende, lo sigue y lo mejora.

Cuando la estructura frena la estrategia

Imagina que tienes todo el diseño estratégico construido con claridad: misión, visión, objetivos, prioridades, iniciativas, planes. Todo perfectamente articulado. Pero tu equipo no está organizado de forma que permita ejecutar esa estrategia. Las iniciativas más importantes no tienen un responsable claro. Las prioridades estratégicas no tienen un líder que las lleve. Los procesos críticos están fragmentados entre áreas que no se coordinan.

Todo ese diseño estratégico se convierte en papel mojado.

La estructura es el mecanismo que convierte la estrategia en ejecución. Sin ella, las iniciativas se quedan en presentaciones. Con ella, cada parte de la estrategia tiene un dueño, un equipo y un camino claro para avanzar.

En 2016, Google publicó los resultados del Proyecto Aristóteles: cinco años de investigación sobre 180 equipos de trabajo para determinar qué hace que un equipo tenga alto desempeño. El hallazgo sorprendió al mundo tecnológico: el factor diferenciador no era el talento individual de sus miembros. Era la claridad de objetivos, la definición de roles, las métricas visibles, la seguridad psicológica y el ritmo de seguimiento. En otras palabras: estructura y sistema, no genialidad individual. Los equipos más efectivos no eran los que tenían a los mejores. Eran los que operaban con más claridad.

— Google, Project Aristotle (2016). Investigación interna publicada por re:Work.

La estructura es un ente vivo

Uno de los aprendizajes más claros de mi carrera reciente es que la estructura no es algo que defines una vez y dejas quieto. Es un ente vivo que debe evolucionar al mismo ritmo que la estrategia.

Desde que comencé a trabajar con mi jefe actual, quedó muy claro desde el primer día que la estructura estaría en constante movimiento. Llevamos cuatro años trabajando juntos y no podría ser más honesto al respecto: nuestra estructura ha cambiado y se ha transformado de manera continua, siempre buscando adaptarse a las exigencias del negocio y del cliente.

Mi recomendación es revisar la estructura cada vez que haya un cambio o calibración significativa en la estrategia. Si la estrategia cambia y la estructura no, la estructura se convierte en un obstáculo. Si ambas evolucionan juntas, la organización mantiene su capacidad de ejecutar sin perder el rumbo.

El listado de funciones: la herramienta que elimina ambigüedades

Más allá del organigrama, una herramienta que recomiendo enormemente es el listado de funciones por rol. No una descripción de puesto extensa y formal, sino un documento claro y práctico que responda una pregunta simple para cada rol: ¿qué le corresponde hacer a esta persona?

En empresas grandes, donde la ambigüedad de responsabilidad es más frecuente y más costosa, este documento se vuelve indispensable. Cada colaborador debe poder leer su listado de funciones y entender sin dudas qué es suyo y qué no lo es.

Recuerda siempre: la estructura sigue a la estrategia. No al revés.

La conversación que nadie quiere tener

Cuando rediseñas la estructura, casi siempre aparece el mismo problema: hay personas en el equipo que no encajan en el nuevo diseño.

No porque sean malos colaboradores. A veces son los más comprometidos, los más antiguos, los que más saben del negocio. El problema no es su calidad — es que la función que mejor desempeñan ya no corresponde a ninguna de las prioridades estratégicas del área. O que el rol que necesita el nuevo diseño requiere capacidades que esa persona todavía no tiene.

Ignorar esa realidad es tentador. Es más fácil ajustar la estructura alrededor de las personas que tener la conversación difícil. Y a corto plazo, esa decisión parece razonable — mantiene la paz, evita el conflicto, preserva la relación.

Lo que no se ve a corto plazo es el costo. Una estructura diseñada alrededor de las personas disponibles en lugar de las funciones que la estrategia necesita produce exactamente lo que queremos evitar: áreas donde la ejecución depende de quién está, no de cómo está diseñado el sistema.

Hay tres situaciones distintas y cada una tiene una respuesta diferente.

La primera: la persona tiene las capacidades pero está en el rol equivocado. Esta es la más sencilla. La conversación es directa — explicar por qué el área necesita reorganizarse, qué rol nuevo existe para esa persona y por qué su contribución sigue siendo valiosa en ese nuevo contexto. La mayoría de las personas reciben bien esta conversación cuando es honesta y cuando el nuevo rol tiene sentido.

La segunda: la persona no tiene las capacidades que el rol nuevo requiere, pero puede desarrollarlas. Aquí la conversación incluye un plan. La conversación tiene que incluir un plan: qué se va a hacer para cerrar la brecha, en qué plazo y cómo se va a medir el avance. Sin ese plan, la conversación se siente como una sentencia, no como una oportunidad.

La tercera: la persona no tiene las capacidades y el tiempo para desarrollarlas no está disponible. Esta es la más difícil y la que más evitan los ejecutivos. Posponerla no la resuelve — solo aumenta el costo de tenerla después. Lo que sí puede hacerse es tenerla con honestidad y con respeto: reconocer la contribución que esa persona hizo, ser claro sobre por qué el nuevo diseño no tiene un lugar para el perfil actual y, cuando sea posible, ayudar a encontrar una salida que preserve la dignidad.

Ninguna de las tres conversaciones es fácil. Pero las tres son preferibles a construir una estructura que nació comprometida desde el diseño.

Cómo comunicar un cambio estructural sin perder al equipo en el proceso

Un rediseño estructural bien pensado puede fracasar en la implementación si la comunicación no está a la altura del cambio. He visto estructuras técnicamente impecables generar meses de disfunción porque el equipo las recibió como una sorpresa, como una señal de desconfianza o como el preludio de algo peor que nadie se atrevía a decir.

La comunicación de un cambio estructural no empieza el día que anuncias el nuevo organigrama. Empieza antes, con el contexto.

El equipo necesita entender por qué está cambiando la estructura antes de saber cómo va a cambiar. Si la primera información que reciben es quién va a reportar a quién, la interpretación natural es personal: esto me afecta, esto me beneficia, esto es una señal de que algo hice mal. Si la primera información que reciben es qué cambió en la estrategia y por qué eso requiere una organización diferente, el cambio tiene una lógica que va más allá de las personas.

El orden importa. Primero el porqué. Luego el qué. Al final el cómo.

Hay tres preguntas que el equipo va a hacerse — en voz alta o en silencio — cuando escuche que la estructura va a cambiar. Si no las respondes tú, las responderán ellos solos, y rara vez con la respuesta correcta.

¿Qué significa esto para mí? Cada persona va a filtrar el cambio por su situación particular. La comunicación tiene que incluir, en algún momento, una conversación individual con cada miembro del equipo. No solo el anuncio general.

¿Por qué ahora? Si el equipo no entiende la urgencia del cambio, lo interpretará como arbitrario. La conexión entre el momento del cambio y el contexto del negocio tiene que ser explícita.

¿Qué va a ser diferente en treinta días? El equipo necesita saber cómo se va a ver el trabajo cotidiano una vez que el cambio esté implementado. La incertidumbre sobre lo operativo genera más ansiedad que la incertidumbre sobre lo estratégico.

Una última cosa que vale la pena decir directamente: la velocidad con la que comunicas no es señal de fortaleza. Anunciar un cambio estructural el viernes para que entre en vigor el lunes puede parecer decisivo. Lo que produce es resistencia que tarda meses en disiparse. Dale al equipo el tiempo suficiente para procesar, hacer preguntas y ajustarse. No tanto tiempo como para que la incertidumbre se convierta en rumor, pero sí el suficiente para que el cambio se sienta como una decisión construida, no impuesta.

Cuándo no tocar la estructura

Este capítulo ha argumentado que la estructura debe seguir a la estrategia y evolucionar cuando la estrategia cambia. Todo eso es cierto. Y también existe el error opuesto: cambiar la estructura demasiado seguido.

Una organización que reorganiza cada año no está adaptándose. Está buscando en el organigrama la solución a problemas que el organigrama no puede resolver.

He visto ejecutivos rediseñar la estructura después de cada trimestre difícil, como si mover las cajas del organigrama fuera a mover los resultados. El equipo aprende rápido a no invertir en las relaciones de trabajo, porque sabe que en seis meses probablemente estarán reorganizadas de nuevo. La cultura que produce esa inestabilidad es lo opuesto a lo que necesita un sistema que quiere funcionar sin que el ejecutivo esté empujando cada pieza.

La estructura necesita estabilidad suficiente para que las personas construyan las relaciones, los procesos y los hábitos que la hacen funcionar. Eso toma tiempo. Un rediseño que no tuvo tiempo de arraigarse no fracasó por mal diseño — fracasó por impaciencia.

Hay tres señales que indican que la estructura necesita cambiar: cuando la estrategia cambia de forma sustancial y el diseño actual no puede ejecutarla, cuando aparecen ambigüedades de responsabilidad que se repiten y que conversaciones o acuerdos informales no han podido resolver, o cuando el área creció o se redujo de forma significativa y el diseño original ya no refleja la realidad del equipo.

Fuera de esas tres señales, la recomendación es resistir la tentación. No porque la estructura actual sea perfecta — casi nunca lo es — sino porque el costo de la transición constante supera casi siempre el beneficio del diseño mejorado.

La mejor estructura no es la más elegante en el papel. Es la que el equipo puede operar con consistencia durante suficiente tiempo como para producir resultados.

Cuando María revisó su estructura por primera vez con el lente del Sistema, encontró algo que no esperaba: tenía tres personas haciendo tareas que no correspondían a ninguna de sus prioridades estratégicas. No porque fueran malas en su trabajo — eran excelentes. Sino porque el área había crecido en una dirección y la estructura había quedado apuntando en otra. Reorganizar no fue cómodo. Fue necesario.

Parte 5. Ejecución

Ejecución: El hábito que convierte el método en resultados

"Somos lo que hacemos repetidamente. La excelencia, entonces, no es un acto sino un hábito."

— Aristóteles

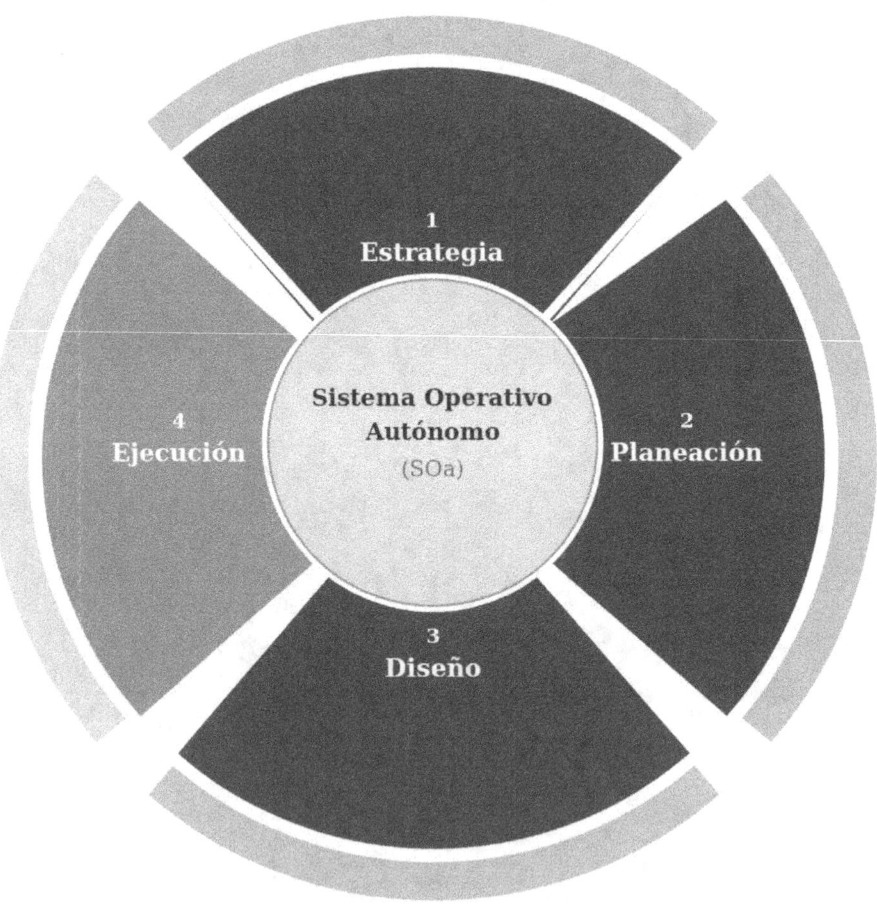

Capítulo 14. El ritmo de reuniones que mantiene todo alineado

En prácticamente todas las empresas donde he trabajado, y en conversaciones con decenas de ejecutivos a lo largo de mi carrera, escucho la misma queja: tenemos demasiadas reuniones. Tantas que no tenemos tiempo para trabajar. En el Sistema Operativo Autónomo (SOa), las reuniones son la pieza clave para ejecución: el proceso que decide qué corre, cuándo y con qué prioridad. Eliminar esas reuniones no libera tiempo. Lo desordena.

Entiendo el sentimiento. Pero no comparto el diagnóstico.

El problema no es la cantidad de reuniones. El problema es la cantidad de reuniones mal ejecutadas. Una reunión sin objetivo claro, sin preparación, sin compromisos y sin seguimiento no es una reunión: es tiempo colectivo desperdiciado multiplicado por el número de personas en la sala.

Pero una reunión bien ejecutada es exactamente lo contrario. Es donde los ejecutivos hacemos gran parte de nuestro trabajo real: alineamos, decidimos, resolvemos, calibramos. Convertir una reunión improductiva en una reunión efectiva no ahorra tiempo, lo multiplica.

> *Lencioni argumenta que el problema de las reuniones no es su cantidad sino su falta de propósito diferenciado. Las organizaciones que distinguen entre reuniones tácticas, estratégicas y de revisión de equipo — y les dan a cada una la estructura correcta — no reducen el tiempo en reuniones: lo convierten en el trabajo más productivo del día.*

> *--- Patrick Lencioni, Death by Meeting (Jossey-Bass, 2004)*

Las reuniones de Fernando eran impecables. Agenda enviada con 48 horas de anticipación. Tiempo cronometrado. Compromisos documentados al cierre. Su equipo sabía exactamente qué hacer en cada sesión. Lo que no sabía era para qué. Las reuniones revisaban si el sistema se había ejecutado, no si el negocio había avanzado. Un martes, uno de sus líderes llegó con una señal temprana de que un cliente clave estaba considerando mover su operación a otra área. Fernando lo anotó. Algo le dijo que esto no era para el orden del día de una reunión. Pero el protocolo existía precisamente para no tomar decisiones por reacción, para no romper el ritmo por cada señal que llegaba sin dato suficiente. Así que lo anotó correctamente, donde debía ir. "Lo ponemos en la reunión mensual de estrategia."

Tres semanas después, cuando el cliente ya había tomado su decisión, Fernando convocó una reunión de análisis de causa. Fue impecable: agenda enviada con 48 horas de anticipación, datos de impacto presentados con claridad, compromisos documentados al cierre.

En el camino a casa pensó algo que no escribió en ningún formato: habían hecho perfectamente lo que no debían haber hecho. Y no sabía cómo documentar eso.

Seis reuniones, seis propósitos

El SOa propone seis tipos de reuniones, cada una con un propósito específico que ninguna otra puede cubrir. No son opcionales ni intercambiables. Juntas forman el ritmo que mantiene viva la estrategia semana a semana, mes a mes, año a año.

Manuel instaló la reunión semanal BSC el primer lunes de marzo. Fue productiva. La segunda también. En la tercera semana llegó una crisis de producción y Manuel la canceló. "La próxima semana la recuperamos." La siguiente semana hubo otra urgencia. Y la siguiente, un cierre de mes.

A finales de abril, la reunión todavía existía en el calendario de todos. Nadie la había eliminado formalmente. Pero tampoco nadie llegaba preparado, porque todos entendían, sin que nadie lo dijera, que si Manuel tenía algo urgente que resolver, la reunión no iba a ocurrir. Y Manuel siempre tenía algo urgente que resolver.

El sistema se había instalado. Lo que no se había instalado era la señal de que el sistema era más importante que la urgencia del día.

Reunión anual de calibración estratégica

Esta es la reunión más importante del año. Su propósito es salir del ruido del día a día y pensar con profundidad en el negocio: hacia dónde va, qué está funcionando, qué necesita cambiar.

Se realiza fuera de la oficina. No es un capricho logístico: el cambio de ambiente es deliberado. Los temas típicos incluyen la revisión de resultados del año, la calibración de la estrategia, decisiones importantes de inversión, cultura organizacional y las grandes apuestas del siguiente período. Requiere preparación seria de todos los participantes.

Reunión semestral de iniciativas

Cada seis meses el equipo se reúne para revisar y actualizar las iniciativas estratégicas. Cada líder presenta las iniciativas que tiene bajo su responsabilidad, explica su avance y propone ajustes si los hay.

Aquí cada iniciativa se cuestiona y se entiende a fondo: ¿sigue siendo relevante?, ¿está avanzando en la dirección correcta?, ¿cómo impacta en los objetivos estratégicos? No se trata de hacer un reporte de estatus. Se trata de asegurarse de que el conjunto de iniciativas sigue siendo el correcto para llevar la estrategia a la realidad.

Reunión trimestral de plan anual

Cada trimestre el equipo revisa los objetivos anuales y define o ajusta los objetivos trimestrales que los harán avanzar. Es el momento de conectar la visión del año con la acción de los próximos noventa días.

Se revisa cada iniciativa, se valida el progreso acumulado y se construyen los compromisos del siguiente trimestre. Es una reunión de planificación, pero también de rendición de cuentas: ¿cumplimos lo que dijimos que íbamos a cumplir el trimestre anterior?

Reunión mensual de plan trimestral

Una vez al mes el equipo revisa el estatus de los objetivos trimestrales en curso. ¿Qué avanzó?, ¿qué está en riesgo?, ¿qué necesita atención antes de que se convierta en un problema?

Esta reunión es la calibración continua que evita el Síndrome del Estudiante. Si los objetivos trimestrales solo se revisan al inicio y al final, el equipo tiende a despertar en el último mes con la presión encima. La revisión mensual mantiene la conciencia activa y permite corregir el rumbo cuando todavía hay tiempo.

Reunión semanal BSC

Esta es la reunión operativa por excelencia, y sin duda, la más importante del método. No porque sea la más larga ni la más estratégica, sino porque es la que mantiene al sistema en movimiento. Sin esta reunión, el BSC es un tablero. Con ella, es el pulso del área.

Su función no es solo revisar números. Es instalar una cadencia: la certeza colectiva de que cada semana, el mismo día y a la misma hora, el equipo se sienta a mirar la realidad tal como es, y a decidir qué va a cambiar antes de la siguiente semana. Esa regularidad, repetida sin excepción, es lo que convierte un método en un hábito organizacional.

Cada semana el equipo revisa el tablero BSC, identifica desviaciones y acuerda acciones concretas para mover los indicadores que no están donde deben estar. La estructura es simple y debe respetarse: revisión de métricas y KPIs, progreso de iniciativas y proyectos en curso, y una agenda dinámica para resolver los problemas que surgieron en la semana. Los indicadores verdes se revisan rápido. Los indicadores rojos son donde vive la conversación.

La Reunión Semanal BSC no es un ejercicio de reporte. Es el antídoto operativo contra los tres patrones que ya conoces del capítulo de Planeación: la Ley de Parkinson, que hace que el trabajo se expanda hasta llenar el tiempo disponible; el Síndrome del Estudiante, que empuja todo hacia el último momento; y la Ley de Hofstadter, que nos recuerda que siempre tardaremos más de lo esperado, incluso cuando ya contamos con eso.

El ritmo semanal los combate a los tres al mismo tiempo. Cuando el equipo sabe que en siete días tendrá que reportar avance concreto, el trabajo ocurre en siete días. Las desviaciones se detectan cuando todavía hay tiempo para corregirlas. Y el trimestre no se vive como una sorpresa el último mes.

La Reunión Semanal BSC no se mueve de día y hora salvo que exista un motivo verdaderamente excepcional. No se cancela. Nunca. Las urgencias se atienden antes o después, no en lugar de la reunión. Cuando el equipo sabe que la reunión ocurrirá pase lo que pase, la reunión deja de ser del líder y se convierte del área. Ese es exactamente el momento en que el sistema empieza a operar solo. "Nunca" incluye el viernes antes de vacaciones, el lunes de regreso y el miércoles en que hay dos personas de viaje. Especialmente esos.

Reunión de resolución operativa

Esta es la reunión de gestión por excepción. No está programada de forma permanente en el calendario, se convoca cuando aparece un problema que requiere atención focalizada: un KPI fuera de rango, un incidente relevante, un riesgo emergente que necesita una decisión.

Cuando el problema es recurrente o requiere seguimiento continuo para estabilizarse, esta reunión se vuelve periódica hasta que el problema esté resuelto. Es temporal por naturaleza: nace con un problema y muere cuando el problema desaparece.

Cuando el problema es especialmente crítico, la periodicidad de esta reunión puede y debe ajustarse a la urgencia. En esos casos, hacerla diariamente ha dado muy buenos resultados: garantiza un avance concreto cada día, permite identificar dependencias en el momento en que aparecen y facilita resolverlas de inmediato antes de que bloqueen el objetivo. Conforme el problema empieza a ceder y los resultados se hacen visibles, la frecuencia puede reducirse gradualmente — en la práctica, el paso natural es pasar de diario a semanal en cuanto la situación está bajo control. A partir de ahí, la reunión cumplió su propósito y debe cancelarse. Su ciclo de vida completo es ese: nace con la urgencia, se intensifica si la urgencia lo requiere y desaparece cuando el problema está resuelto.

Cómo hacer que cada reunión funcione

Tener el modelo de seis reuniones es solo la mitad del trabajo. La otra mitad es ejecutarlas bien. Antes de la reunión: toda reunión debe tener un objetivo claro, una agenda definida y los participantes correctos convocados con al menos veinticuatro horas de anticipación. Si no sabes para qué es la reunión, cancélala.

Durante la reunión: inicia puntual, declara el objetivo al abrir, presenta la agenda y modera la participación activamente. Si hubo reunión anterior, valida el cumplimiento de los compromisos antes de avanzar. Documenta todo: acuerdos, decisiones y compromisos con responsable y fecha.

Después de la reunión: termina puntual, repasa los compromisos del cierre y envía la minuta. Cada compromiso debe quedar en un documento de seguimiento con su responsable, fecha y estatus. Ese documento es lo que convierte las palabras de la reunión en acción real.

Una advertencia que viene de experiencia propia: hay una línea muy fina entre institucionalizar un método y convertirlo en una auditoría punitiva. En una empresa donde trabajé, llegamos al extremo de enviar auditores a las reuniones para calificar si el método se estaba siguiendo. El resultado fue el peor posible: los equipos dejaron de enfocarse en el objetivo de la reunión y se enfocaron en obtener una buena calificación. El método mató a la reunión.

El objetivo nunca es que el método sea perfecto. El objetivo es que las reuniones produzcan resultados.

> *El Boston Consulting Group estudió a organizaciones en múltiples industrias para entender qué factores predicen la ejecución exitosa de la estrategia. Su hallazgo: las organizaciones con estructura clara de responsabilidades, métricas visibles y ritmo consistente de seguimiento tienen 2.4 veces más probabilidad de ejecutar su estrategia que aquellas que carecen de cualquiera de esos tres elementos. No basta con tener los tres por separado. Los tres deben funcionar juntos como un sistema.*
>
> *— Boston Consulting Group, Why Strategy Execution Unravels (BCG / HBR, 2015)*

La ejecución que no ocurre en reuniones

Las seis reuniones del SOa son el ritmo que mantiene al equipo alineado. Pero hay un error de interpretación que aparece con frecuencia cuando un ejecutivo instala el sistema por primera vez: creer que la ejecución ocurre en las reuniones. No ocurre ahí. Las reuniones orientan, calibran y dan seguimiento. La ejecución ocurre en el tiempo que existe entre ellas.

Hay un beneficio del SOa que no es obvio al principio, pero que se vuelve evidente con el tiempo: los hábitos reducen la carga cognitiva. Cuando el sistema está instalado, las reuniones ocurren sin que tengas que decidir si hacerlas, los indicadores se revisan sin que tengas que recordarlo, los compromisos se documentan sin que tengas que perseguirlos. Lo que antes consumía atención constante empieza a funcionar solo. Y esa atención que se libera no desaparece — se redirige. El líder que ya no gasta energía mental sosteniendo la operación tiene capacidad para hacer algo que antes no tenía espacio: pensar en lo que sigue. Diseñar el siguiente nivel. Construir lo que todavía no existe. El SOa no es solo el sistema que saca al equipo del caos — es la base que te permite seguir creciendo una vez que el caos ya no te consume.

Lo que sigue no son métodos opcionales. Son las condiciones mínimas para que el trabajo estratégico del ejecutivo ocurra.

Hyperfocus: el trabajo que requiere toda la atención

Un ejecutivo cuya semana está llena de reuniones bien estructuradas pero sin bloques de trabajo real no tiene un sistema de ejecución. Tiene un sistema de coordinación. La diferencia es importante: la coordinación alinea intenciones, la ejecución produce resultados. Las dos son necesarias. Solo una está en el calendario de la mayoría de los ejecutivos.

> *Bailey documentó que la mente humana opera en dos modos fundamentales: el hiperenfoque, donde toda la atención se concentra en una sola tarea compleja, y el modo disperso, donde la mente vaga libremente y procesa conexiones. El trabajo de mayor valor intelectual — diseñar, decidir, crear — solo ocurre en el primero. Y el primero solo*

> *ocurre cuando se protege deliberadamente del entorno de interrupciones constantes que define la vida ejecutiva moderna.*
>
> *--- Chris Bailey, Hyperfocus (Viking, 2018)*

El trabajo que más valor produce en la carrera de un ejecutivo — diseñar una estrategia, diagnosticar un problema complejo, preparar una decisión que afecta al equipo, desarrollar a un colaborador clave — requiere un tipo de atención que no puede dividirse. No puede ocurrir en los diez minutos entre reuniones. No puede ocurrir con notificaciones activas. No puede ocurrir mientras el cerebro está procesando en paralelo el correo que llegó hace cinco minutos.

La regla práctica es concreta: dos bloques de noventa minutos por semana, mínimo, dedicados a trabajo estratégico profundo sin interrupciones. No es ambicioso. Es el piso. Por debajo de ese piso, el trabajo estratégico no ocurre — se pospone indefinidamente bajo la ilusión de que habrá tiempo después.

Toma de decisiones: lo que el ejecutivo decide solo

No todas las decisiones tienen reunión. Ni deberían tenerla. Un ejecutivo que convoca a otros cada vez que necesita decidir algo no está siendo colaborativo — está transfiriendo a otros el costo de su indecisión.

Hay tres tipos de decisión que merecen tratamiento distinto.

Las decisiones reversibles de bajo impacto se toman solos, rápido y sin documentación. El costo de equivocarse es mínimo y el costo de demorarlas es desproporcionado.

Las decisiones reversibles de alto impacto se toman con información suficiente, no con información perfecta. Identifica los dos o tres factores que más pesan, consigue esa información específica y decide. Si el resultado no es el esperado, se corrige.

Las decisiones irreversibles de alto impacto son las únicas que justifican tomarse el tiempo para consultar, deliberar y documentar el razonamiento.

La pregunta que orienta es siempre la misma: ¿qué tan difícil es deshacer esto si me equivoco?

Delegación efectiva: soltar sin perder el hilo

Delegar no es asignar tareas. Es transferir responsabilidad con la claridad suficiente para que quien recibe pueda ejecutar sin necesitar al delegante en cada paso.

La delegación que falla casi siempre falla en uno de tres puntos: falta de claridad en el resultado esperado, no calibrar el nivel de autonomía delegado, y ausencia de seguimiento acordado.

La delegación efectiva define tres cosas en el momento de delegar: el resultado concreto que se espera, la fecha en que debe estar listo y el criterio con el que se evaluará si está bien hecho.

Energía ejecutiva: cuándo hacer qué

El calendario gestiona el tiempo. La energía gestiona la calidad del trabajo que ocurre en ese tiempo. Son dos recursos completamente distintos.

La energía cognitiva — la que se necesita para pensar con profundidad, tomar decisiones complejas y crear — tiene un patrón predecible: es más alta en las primeras horas del día y cae durante la tarde. El principio es simple: el trabajo que requiere más concentración profunda va en el bloque de mayor energía, y el trabajo reactivo va en el bloque de menor energía.

En la práctica: las mañanas se protegen para el trabajo profundo, la toma de decisiones importantes y la preparación de conversaciones que importan. Las tardes son el espacio natural para el correo, las reuniones de coordinación y las revisiones de avance.

Capítulo 15. Consistencia — El hábito que sostiene todo

James Clear lo plantea en términos simples: somos lo que repetimos de manera continua.

Manuel lleva décadas llegando a la misma hora, tomando las mismas decisiones, recorriendo los mismos procesos. El problema no es su consistencia: es lo que repite. Ha construido el hábito de ser indispensable. Lo ha practicado tanto, durante tanto tiempo, que ya no puede distinguir entre su identidad y la operación de su área. La consistencia sin sistema no libera. Consolida la dependencia.

Cuando alguien le sugirió que documentara sus rutinas para que el equipo pudiera seguirlas sin él, Manuel lo pensó un momento y respondió: "Si todos saben hacer lo que yo hago, ¿para qué me necesitan?" Lo dijo en tono de broma. Pero nadie en la sala se rió. Porque todos sabían que no era una broma.

Si quieres ser deportista, necesitas el hábito del deporte. Si quieres ser un buen comunicador, necesitas el hábito de la comunicación. Y si quieres liderar una organización que cumple de forma consistente, necesitas crear el hábito de la consistencia.

En el contexto del Sistema Operativo Autónomo (SOa), ese hábito tiene un nombre concreto: ejecutar las reuniones definidas, con preparación, con el objetivo claro y con los compromisos documentados. Semana tras semana, mes tras mes, trimestre tras trimestre.

Si algo no le podías negar a Fernando era la consistencia. Nunca cancelaba una reunión. Siempre llegaba con los reportes completos. Su equipo también: los formatos llenos a tiempo, los tableros actualizados, el protocolo cumplido sin excepción. En sus áreas, el sistema se ejecutaba con una disciplina que era difícil no admirar. Lo que era difícil de ver desde adentro era lo que ese ritual había dejado de producir. Las reuniones de Fernando eran para revisar si el sistema funcionaba, no para decidir qué cambiar en el negocio. El hábito existía. Lo que se había perdido era la pregunta que el hábito debía responder.

Lo que pasa en el mes tres

El SOa arranca con energía. El equipo lo adopta con entusiasmo, las primeras reuniones son productivas, los compromisos se cumplen. Todo parece funcionar. Entonces llega el mes tres. Un sistema que se apaga a la mitad no solo pierde lo que estaba procesando. Puede corromper archivos. El mes tres es ese riesgo para tu SOa: el momento donde si no hay un hábito que lo sostenga, todo lo construido puede perderse.

Una semana hay una emergencia operativa y la reunión semanal se cancela. La siguiente semana hay dos personas de viaje y se pospone. El mes siguiente la reunión trimestral se hace a medias porque nadie se preparó. Y poco a poco, sin que nadie tome la decisión explícita de abandonar el método, el sistema empieza a desmoronarse.

No por falta de intención. Por falta de hábito.

El mes tres es la prueba real de cualquier sistema. Es donde se separan los equipos que realmente lo adoptan de los que lo usan mientras es nuevo y emocionante. Pasar esa prueba no depende de la calidad del método. Depende de la consistencia con la que se ejecuta.

El rol del líder es insustituible

Ningún sistema se sostiene solo. Detrás de cada organización que ejecuta con consistencia hay un líder que modela el comportamiento que espera de su equipo.

Si el líder cancela reuniones, el equipo aprende que las reuniones son opcionales. Si el líder llega sin preparación, el equipo aprende que la preparación no importa. Si el líder no da seguimiento a los compromisos, el equipo aprende que los compromisos son sugerencias.

Lo contrario también es verdad. Si el líder siempre llega preparado, el equipo se prepara. Si el líder hace seguimiento riguroso de cada compromiso, el equipo cumple. La consistencia del sistema es, en última instancia, un reflejo de la consistencia del líder.

Cómo institucionalizar el método

El método está institucionalizado cuando nadie lo llama método. Cuando un colaborador nuevo llega al área y pregunta cómo funcionan las cosas, y el equipo le describe el ritmo del SOa como algo obvio y natural — como si siempre hubiera sido así. Cuando las reuniones no se sostienen porque alguien las impone sino porque el equipo no concibe operar sin ellas.

El objetivo final es que el SOa deje de depender de la energía personal del líder y se convierta en parte de la cultura del área. Que las reuniones sucedan porque el equipo las valora, no porque alguien las impone.

Las reuniones deben estar fijas en el calendario desde el inicio del año. No como recordatorios que se mueven según la conveniencia del momento, sino como compromisos inamovibles que solo se tocan en casos de verdadera fuerza mayor. La agenda de la semana se acomoda alrededor de las reuniones del sistema, no al revés.

Y cuando alguien del equipo proponga cancelar una reunión por falta de tiempo, esa es la señal más clara de que el método todavía no está arraigado. Porque las reuniones del SOa no son una actividad adicional al trabajo. Son el trabajo.

La prueba real del sistema

Hay una diferencia entre un sistema que sobrevive el mes tres y un sistema que sobrevive lo que no tiene nombre en ningún manual de gestión.

En una de las organizaciones donde he liderado, viví de primera mano lo que significa perder el control operativo a escala. No fue una interrupción de servicio. Fue la parálisis simultánea de sistemas críticos que operan las veinticuatro horas para millones de clientes y miles de puntos de venta. En pocas horas pasamos de operar con normalidad a coordinar una recuperación que nadie había ensayado, con un equipo de varios miles de personas que necesitaba dirección clara en medio del caos más real que había vivido en mi carrera.

Lo primero que noté fue algo que no esperaba notar en ese momento: el sistema ya estaba funcionando.

No me refiero a los sistemas de TI — esos estaban caídos. Me refiero al SOa. El equipo tenía procesos claros de escalación. Las responsabilidades estaban definidas. Había un lenguaje común para reportar avance y para señalar bloqueos. Sabían cómo estructurar una reunión de seguimiento aunque nadie les dijera que tenían que hacerla.

Lo que tuve que hacer no fue inventar un sistema de coordinación en medio de la crisis. Fue adaptar el que ya existía a las condiciones de emergencia. Las reuniones semanales del BSC se convirtieron en reuniones diarias. Los objetivos trimestrales se comprimieron a objetivos por día: ¿qué servicios vamos a recuperar hoy?, ¿cuál es el estado al cierre del turno?, ¿quién es el responsable de cada frente? La estructura de roles se reasignó temporalmente — dejamos de operar por funciones y pasamos a operar por frentes de recuperación — pero el principio de responsabilidad única no se tocó. Cada frente tenía un dueño. Cada dueño tenía un objetivo. Cada objetivo tenía una hora de revisión.

Trabajamos veinticuatro horas al día durante varias semanas. Luego las reuniones pasaron de diarias a cada dos días. Luego a semanales, conforme los servicios se estabilizaban y el ritmo normal podía retomarse. El sistema no se cayó durante la crisis. Se contrajo, se adaptó y se expandió de regreso.

Lo que aprendí de esa experiencia no fue que el método es infalible ante una crisis. Fue algo más preciso: el método no te protege de las crisis. Te da la arquitectura desde la cual coordinarlas. Sin él, una crisis de esa magnitud produce lo que produce en la mayoría de las organizaciones que no tienen sistema instalado: reuniones sin estructura, decisiones sin dueño, duplicidad de esfuerzos, información que llega tarde y distorsionada. Con él, tienes el lenguaje, la cadencia y la rendición de cuentas — aunque todo lo demás esté roto.

El sistema resistió no porque fuera perfecto. Resistió porque llevaba suficiente tiempo instalado como para que el equipo lo usara sin que yo tuviera que pedirles que lo hicieran.

Eso es lo que significa que el método está institucionalizado.

Cuando el sistema ya se cayó: cómo reiniciar sin perder lo construido

Hasta aquí hemos hablado de cómo evitar que el sistema colapse. Pero hay una conversación que este capítulo le debe al lector que ya pasó por eso.

Si llegaste al mes cuatro y el tablero lleva semanas sin actualizarse, las reuniones se convirtieron en opcionales y el plan trimestral murió en silencio — no fallaste. Viviste lo que la mayoría vive. La pregunta correcta no es cómo evitaste que pasara. Es qué haces ahora.

Lo primero que hay que entender es que reiniciar no es lo mismo que empezar de cero. Lo que construiste no desapareció. Los procesos documentados siguen ahí. El BSC existe, aunque nadie lo haya mirado en tres semanas. Las reuniones estaban en el calendario. El sistema no murió — entró en pausa. Y una pausa tiene solución diferente al vacío original.

El error más común al reiniciar es intentar recuperar todo al mismo tiempo. Convocar una reunión de "relanzamiento", volver a explicar el método al equipo, actualizar todos los indicadores del trimestre de golpe. Ese camino casi siempre produce el mismo resultado que produjo la primera vez: dos semanas de energía seguidas de un colapso más rápido que el anterior.

Lo que funciona es más simple y más incómodo: volver a lo más básico sin anunciar que se está volviendo.

Una sola reunión, esta semana. No para hablar del sistema — para revisar tres indicadores y acordar tres compromisos. Sin discurso sobre lo que falló ni promesas sobre lo que viene. Solo la reunión, ejecutada bien, con cierre claro.

Si esa reunión ocurre, ocurre también la de la semana siguiente. Y la del mes siguiente. El sistema no se reinicia con una declaración. Se reinicia con la primera reunión que nadie canceló.

Hay tres señales que indican que el reinicio está funcionando. La primera: el equipo llega con algo preparado sin que nadie se los pidiera. La segunda: alguien menciona un compromiso de la semana anterior sin que el líder lo recuerde primero. La tercera: una decisión que antes habría llegado al escritorio del líder se resuelve sola. Cuando las tres ocurren en el mismo mes, el sistema no está en reinicio. Está instalado.

Una advertencia final: si el sistema se cayó más de una vez en el mismo período, el problema no es la consistencia. Es el diseño. Un sistema que nadie sostiene voluntariamente es un sistema que no resuelve el problema real del área — o que lo resuelve de una forma que el equipo no reconoce como valor. Antes de intentar el tercer reinicio, vale la pena hacerse la pregunta que pocos se hacen: ¿qué parte del método genera fricción real en el equipo, y esa fricción es señal de resistencia al cambio o señal de que algo está mal diseñado?

La respuesta a esa pregunta vale más que cualquier relanzamiento.

Capítulo 16. Conversaciones individuales

Las reuniones y acciones presentadas en los capítulos 13 y 14 son el núcleo obligatorio del método. No son opcionales. No tienen sustituto. Si el ritmo de esas reuniones está instalado y se ejecuta con consistencia, el Sistema Operativo Autónomo (SOa) funciona. Eso es lo que debe ocurrir sin excepción.

Lo que sigue es diferente. Los capítulos siguientes son la capa del ejecutivo: métodos que amplifican el sistema según el contexto específico de tu área. A lo largo de mi carrera he acumulado un conjunto de prácticas que, bien aplicadas, mejoran significativamente los resultados de ejecución: la forma en que gestionas tu calendario, cómo planificas tu semana, cómo conduces reuniones virtuales, cómo fluye el correo en tu equipo, cómo se manejan los conflictos de prioridad y cómo se construye el equipo que hace posible que todo lo anterior funcione. Cada una de estas herramientas ha probado su valor en la práctica.

Un jefe anterior decía así: piénsalo como un morral de herramientas. El mecánico no usa todas las herramientas en cada intervención: elige las que resuelven el problema que tiene enfrente. De la misma forma, no todas las organizaciones necesitan los mismos métodos de soporte. Un equipo presencial que opera en un mismo espacio no necesita las mismas prácticas de reunión virtual que uno distribuido en cinco ciudades. Un equipo que ya tiene excelentes hábitos de comunicación no necesita el mismo nivel de rigor en la gestión del correo que uno donde el ruido digital es el principal obstáculo de ejecución.

Las reuniones son la columna vertebral. Estas herramientas son el músculo que la rodea. Ambas importan, pero en distinto orden y con distinta urgencia.

Las reuniones descritas previamente operan sobre el equipo como unidad. Hay conversaciones que no pueden suceder en ese contexto colectivo: las que requieren confidencialidad, las que abordan la situación específica de una persona, las que tienen que ver con el desarrollo individual de un ejecutivo. Para esas conversaciones existe un ritmo complementario: dos reuniones individuales que el líder sostiene con cada uno de sus reportes directos y que son, en silencio, el tejido que mantiene unido todo lo demás.

Método 1: Reunión de Pulso Directo

Una vez a la semana, el líder se reúne individualmente con cada uno de sus reportes directos. El propósito no es operativo: es de proximidad. Es el espacio donde el reporte directo puede plantear excepciones que necesita que el líder atienda, temas que no corresponden al foro grupal, situaciones que requieren confidencialidad o decisión de nivel superior. Es también el espacio donde el líder puede sentir el pulso real de cómo está la persona —no solo el ejecutivo sino el ser humano—, algo que en las reuniones colectivas es casi imposible de captar.

La agenda del Pulso Directo es mayoritariamente del reporte, no del líder. El líder llega con la pregunta correcta: "¿En qué necesitas que te apoye esta semana?" Y escucha. Los temas que el reporte trae pueden ser operativos —un bloqueo que necesita autoridad superior para resolverse—, relacionales —una tensión con otra área que no ha podido resolver solo— o personales —algo que está afectando su capacidad de operar con normalidad—. En todos los casos, el valor de la reunión no es el tiempo que dura sino el hecho de que existe: una ranura semanal fija y segura donde cualquier cosa puede llegar antes de que se convierta en un problema mayor.

Antes de instalar el Pulso Directo en mi área, me enteré de que uno de mis líderes estaba considerando salirse de la empresa. No me lo dijo él. Me lo dijo su par, de pasada, al cierre de una reunión de seguimiento. Para ese momento llevaba semanas procesando la decisión solo. No es que no hubiera querido decirme — es que no existía el espacio. El Pulso Directo es eso: un espacio que existe antes de que el problema necesite uno.

Método 2: Conversación de Crecimiento

Cuatro veces al año, el líder tiene una conversación diferente con cada uno de sus reportes directos: una enfocada no en lo que está pasando esta semana sino en cómo está creciendo el ejecutivo. La Conversación de Crecimiento no es una evaluación de desempeño formal ni una revisión de resultados. Es una conversación sobre la persona como profesional: dónde está progresando, dónde tiene oportunidades de mejora que están limitando su impacto, y qué acuerdos específicos va a tomar para el siguiente trimestre para trabajar en esas áreas.

La diferencia entre la Conversación de Crecimiento y una evaluación de desempeño convencional está en el tono y en el protagonista. En la evaluación tradicional, el líder evalúa y el reporte recibe. En la Conversación de Crecimiento, ambos construyen juntos. El reporte llega habiendo reflexionado sobre su propio desempeño: qué logró, qué no logró, dónde siente que tiene áreas de oportunidad y qué tipo de apoyo necesita para trabajarlas. El líder llega con su propia perspectiva honesta y con la disposición de que la conversación sea real, no protocolar.

La sesión cierra con acuerdos concretos y documentados: dos o tres comportamientos específicos en los que el ejecutivo va a trabajar durante el siguiente trimestre, con una descripción clara de cómo se vería el progreso. Esos acuerdos se retoman al inicio de la siguiente Conversación de Crecimiento, donde lo primero que se revisa es si lo que se acordó el trimestre anterior ocurrió. Esta estructura de acuerdo → seguimiento → nuevo acuerdo es lo que convierte la Conversación de Crecimiento en un verdadero motor de desarrollo, y no en una conversación anual agradable que no cambia nada.

Para que esos acuerdos tengan tracción real, el plan de mejora debe considerar cómo aprende un adulto en un contexto profesional. A este principio lo conocemos como el modelo 70-20-10. La evidencia sobre desarrollo ejecutivo señala consistentemente que el aprendizaje ocurre en tres proporciones: el diez por ciento proviene de teoría, ya sea un libro, un curso o un contenido específico sobre el área de oportunidad. El veinte por ciento proviene de enseñar a otros: cuando el ejecutivo en desarrollo transmite lo que aprendió a su equipo, lo explica, lo defiende y responde preguntas, ese conocimiento se consolida de una manera que ningún curso logra. El setenta por ciento restante —y el más determinante— ocurre en la práctica directa: haciendo, aplicando, cometiendo errores en contexto real y corrigiéndolos. Un plan de mejora que solo incluye lecturas o cursos trabaja sobre el diez por ciento del aprendizaje y deja el noventa sin tocar. Por eso, al cerrar los acuerdos de la Conversación de Crecimiento, líder y reporte deben definir explícitamente qué va a hacer el ejecutivo —no qué va a leer o a escuchar— para poner en práctica el comportamiento que están trabajando.

Juntas, estas dos reuniones individuales completan el cuadro del ritmo ejecutivo. Las seis reuniones del SOa mantienen al equipo alineado y al sistema operando. El Pulso Directo mantiene al líder conectado con la realidad de cada persona. La Conversación de Crecimiento asegura que cada miembro del equipo esté mejorando como ejecutivo, no solo ejecutando. Un equipo cuyos líderes tienen estos dos ritmos individuales instalados tiene algo que es difícil de ver desde fuera pero que define todo lo que se puede lograr: confianza real entre las personas que tienen que ejecutar juntas.

Capítulo 17. El tiempo del ejecutivo

Hay una paradoja que aparece en casi todos los ejecutivos que instalan el SOa correctamente: construyen un sistema disciplinado para que su equipo opere con claridad, y siguen sin saber ellos mismos qué van a hacer mañana hasta que abren el correo el lunes por la mañana.

Las seis reuniones del sistema están en el calendario. Los indicadores se revisan con puntualidad. El equipo llega preparado. Y el ejecutivo que diseñó todo eso llega al miércoles sin haber avanzado en ninguna de las cosas que importan, porque la semana se la administraron otros.

Manuel llegaba a la oficina antes que nadie. Revisaba el correo durante cuarenta minutos, atendía lo que había llegado de noche, respondía lo urgente y confirmaba lo que tenía pendiente. Cuando levantaba la vista ya eran las nueve y cuarto y tenía tres reuniones antes del mediodía.

Un consultor que lo acompañó durante una semana le preguntó al final del viernes: ¿cuántas horas dedicaste esta semana a trabajo estratégico profundo, sin interrupciones? Manuel pensó un momento. "Unas dos horas, quizás tres." El consultor asintió. "¿Y cuántas horas estuvieron disponibles en tu calendario para ese tipo de trabajo?" Manuel no supo responder. Nunca lo había calculado.

El problema no era la disciplina de Manuel. Era que nunca había diseñado su semana. La había dejado que se diseñara sola.

Un sistema que opera sin ti requiere algo más que reuniones bien ejecutadas: requiere que el ejecutivo detrás del sistema también opere con intención. Las reuniones del SOa son la columna vertebral. Lo que viene en este capítulo es el músculo que la rodea: cómo diseñas tu calendario antes de que otros lo llenen, cómo construyes tu semana antes de que la semana te construya a ti, y cómo orientas a tu equipo cada lunes para que todos arranquen desde el mismo punto.

Tres métodos. Una sola pregunta: ¿quién está a cargo de tu tiempo?

Método 3: El calendario como infraestructura de la ejecución

Definir las reuniones es el diseño. Ejecutarlas bien es la práctica. Pero hay una capa más que la mayoría de los ejecutivos ignora: el calendario que las sostiene. Sin una gestión activa del calendario, el ritmo se rompe antes de que nadie tome la decisión de romperlo. Las reuniones se cancelan por "conflicto de agenda". Los bloques de trabajo estratégico desaparecen absorbidos por lo urgente. El día termina lleno de actividad y vacío de avance.

El calendario es la representación visual de tus prioridades, no una herramienta de agenda. Lo que no está en el calendario no existe como compromiso. Y lo que sí está, pero sin estructura ni intención, produce la ilusión de ocupación sin producir resultados. Gestionar bien el calendario es, en la práctica, gestionar bien la ejecución.

Calibración diaria: el primer acto del día

El primer hábito que marca la diferencia es simple y no toma más de diez minutos: revisar el calendario a primera hora del día. No el correo, no los mensajes, no las notificaciones. El calendario. Esa revisión tiene un propósito específico: calibrar el plan del día con la realidad de lo que tienes programado. ¿Qué reuniones hay? ¿Estás preparado para cada una? ¿Hay algún conflicto que necesita resolverse antes de que se convierta en un problema? ¿El tiempo disponible entre reuniones está asignado a algo concreto o va a ser absorbido por lo que llegue primero?

Este hábito es la diferencia entre reaccionar al día y conducirlo — algo muy distinto a la administración del tiempo en el sentido convencional. El ejecutivo que empieza su día sin esta calibración deja que la agenda la definan otros. El que la hace, llega a cada momento con intención.

Las reuniones recurrentes del SOa van al calendario desde el inicio del año

Las seis reuniones del SOa no se programan semana a semana. Se bloquean en el calendario desde el inicio del año como eventos recurrentes, con fecha, hora, participantes y estructura definidos. Esta decisión, que parece administrativa, tiene una consecuencia estratégica: convierte el ritmo del SOa en un compromiso inamovible y no en una intención que compite cada semana con todo lo demás.

Al crear cada reunión recurrente, la descripción de la invitación debe incluir los cuatro elementos que la hacen útil: el objetivo de la sesión, la agenda que se seguirá, quién la lidera y quién la facilita. Una invitación con título descriptivo y estos cuatro elementos llega al participante con claridad de para qué es y qué se espera de él. Una invitación genérica sin estructura llega como ruido administrativo que la gente acepta sin prepararse.

Responder invitaciones es tomar decisiones

Cada invitación que llega a tu calendario es una solicitud de tu tiempo. Responderla con claridad y rapidez es parte de operar con integridad ejecutiva.

Hay una regla simple que cambia la dinámica de la agenda de cualquier equipo: toda invitación se acepta o se rechaza, nunca se deja en "quizás". No he tenido oportunidad de hablar con Google ni con Microsoft para quitarles el botón de "quizás" — y mientras esa conversación llega, la responsabilidad es del ejecutivo.

El "quizás" no es una posición neutral: es una decisión postergada que le transfiere al organizador la incertidumbre de no saber con quién cuenta. El organizador no puede preparar bien una sesión cuando no sabe quién estará presente. Y el participante que deja todo en "quizás" no está siendo flexible: está evitando tomar una decisión que le corresponde tomar.

Cuando se rechaza una invitación, la cortesía ejecutiva exige una nota breve explicando el motivo. No como justificación, sino como información útil para el organizador: ¿es un conflicto de horario resoluble?, ¿es que la reunión no requiere tu presencia pero sí tu criterio previo?, ¿hay alguien de tu equipo que puede representarte? Esa nota convierte el rechazo en una contribución en lugar de una puerta cerrada. Y cuando hay un conflicto insalvable con una reunión prioritaria, la respuesta correcta no es simplemente rechazar: es proponer proactivamente un horario alternativo al organizador.

Disponibilidad y bloques de hiperenfoque

La mayor parte del trabajo estratégico que un ejecutivo necesita hacer —revisar un plan, preparar una decisión, redactar una propuesta, pensar con profundidad en un problema complejo— requiere concentración sostenida. Ese tipo de trabajo no sucede en los diez minutos entre una reunión y la siguiente, ni con el teléfono vibrando cada tres minutos. Sucede en bloques de tiempo protegidos, donde la atención puede aplicarse sin interrupción a una sola tarea.

La manera práctica de implementarlo es configurar los eventos del calendario con estados de disponibilidad que reflejen la realidad de cada bloque. Las reuniones del SOa y los compromisos que no pueden moverse se marcan como "No disponible". Los bloques de trabajo profundo también, para protegerlos de interrupciones. Pero algunas actividades que, ante una urgencia genuina, podrían reprogramarse sin consecuencias graves, se pueden marcar como "Disponible": esto le da al equipo visibilidad de dónde hay flexibilidad real sin romper el hábito de respetar la agenda comprometida.

Un calendario bien gestionado no restringe la libertad del ejecutivo. La crea. Cuando el tiempo está asignado con intención, las decisiones de qué hacer a continuación ya están tomadas. Lo que sobra es energía para ejecutar.

Método 4: El plan semanal: de la lista de actividades al calendario con intención

En una de las empresas donde trabajé implementamos un formato que, en su concepto, era correcto. Cada ejecutivo documentaba las actividades que realizaba durante la semana: las recurrentes que aplicaban ciertos días, las específicas de esa semana, y al ir completándolas las confirmaba en el documento. Al cierre del viernes, el formato reflejaba cuánto de lo planeado se había logrado ejecutar. El propósito era poderoso: obligarte a pensar en un plan, no solo en reaccionar a las excepciones del día. Con un plan semanal documentado, el ejecutivo llegaba a cada día con dirección, no solo con prisa.

El formato evolucionó. Con el tiempo se agregó el registro de cuántos minutos se habían invertido en cada actividad. La intención era buena: dar visibilidad de dónde iba el tiempo real del ejecutivo. Pero el método cayó en el extremo que ya conocemos. El formato se convirtió en un fin en sí mismo. La gente pasaba tiempo documentando el tiempo que pasaba documentando. El análisis de minutos por actividad generaba reportes que nadie usaba para mejorar las decisiones y mucho esfuerzo administrativo que le quitaba tiempo al trabajo real que se intentaba optimizar.

La filosofía que tenía ese formato, sin embargo, sigue siendo correcta. El ejecutivo que no tiene un plan semanal no tiene dirección: tiene urgencias. Y la diferencia entre ambos es enorme. El que solo reacciona a lo que llega nunca llega a las actividades que importan pero no gritan. El que tiene un plan semanal claro —aunque lo ajuste varias veces durante la semana— llega al viernes habiendo avanzado en lo que quería avanzar, no solo en lo que se lo permitieron las circunstancias.

La versión que propongo en el SOa retoma esa filosofía y la implementa a través del calendario digital, que ya está presente en la vida de cualquier ejecutivo y no requiere un formato adicional que llenar. El principio es el mismo: antes de que comience la semana, tienes que tener un plan. La diferencia está en que ese plan vive en el calendario, no en una hoja separada, y en que el nivel de detalle es el suficiente para orientar la acción, no para producir un reporte.

Cómo construir el plan semanal en el calendario

La construcción del plan semanal tiene tres capas que se agregan en ese orden. La primera capa ya está hecha si seguiste lo que se describió antes: las reuniones recurrentes del SOa ancladas desde el inicio del año. Esas no se tocan cada semana porque ya están ahí. Son el esqueleto fijo sobre el que se construye todo lo demás.

La segunda capa son los bloques de trabajo profundo. Antes de abrir el calendario a compromisos de otros, se reservan los dos bloques de 90 minutos a la semana, donde el ejecutivo va a trabajar en sus propias prioridades: preparar la revisión trimestral, revisar el avance de una iniciativa crítica, pensar en una decisión compleja, desarrollar un documento estratégico. Estos bloques se agendan como eventos con su propio título descriptivo, no como tiempo vacío. "Preparación revisión BSC" es un evento concreto. "Trabajo profundo" genérico es una intención que cualquier urgencia desplaza sin culpa.

La tercera capa, que se hace al arranque de cada semana —el domingo por la noche o el lunes a primera hora, antes de que nadie haya empezado a agregar compromisos— es completar el calendario con el resto de actividades relevantes de esa semana específica: reuniones de Pulso Directo, Conversaciones de Crecimiento, sesiones de retroalimentación pendientes, visitas operativas, revisiones de proyectos en curso. No todo lo que existe en la lista de pendientes: lo que tiene que ocurrir esta semana para que el plan del trimestre avance. Esa distinción es crítica. El criterio de selección no es "todo lo que me piden" sino "todo lo que yo decido que importa esta semana".

La calibración diaria que se describió en la sección anterior completa el ciclo: cada mañana revisas ese calendario ya construido, confirmas que sigue siendo el plan correcto para ese día y ajustas lo que la realidad del día anterior haya cambiado. No se reconstruye el plan diariamente desde cero: se calibra lo que ya existe. Esa distinción entre construir y calibrar es la que hace la diferencia entre el método que consume tiempo y el método que lo produce.

Este método de tres capas retiene lo que hacía valioso el formato de seguimiento a las actividades —tener un plan antes de que la semana comience, pensar en la ejecución y no solo en las excepciones— y elimina lo que lo hundió: el formato separado, el registro de minutos, el reporte que se convierte en fin en sí mismo. El calendario ya es el formato. La confirmación de que una actividad se realizó es haberla vivido, no haberla marcado en una hoja. Y el nivel de granularidad óptimo no son los minutos: es el bloque con propósito claro que le dice al ejecutivo, cuando abre el calendario por la mañana, a dónde tiene que poner su atención hoy.

El ejecutivo que llega el lunes sin un calendario construido llegará al viernes sin saber cómo pasó la semana. El que llega con las tres capas en su lugar llegará al viernes habiendo elegido su semana, no solo haberla sobrevivido.

Método 5: El lunes que orienta a todos

Las seis reuniones del SOa resuelven la gestión. Lo que ninguna de ellas resuelve es algo más simple: que el equipo empiece la semana sabiendo exactamente qué es crítico esta semana, quién necesita apoyo y qué está pasando en el área que todos deberían saber antes de arrancar.

Sin ese momento de alineación, cada persona arranca la semana desde su propia lectura de la situación. El área opera, pero no arranca junta. Y la diferencia entre un equipo que arranca junto y uno que no lo hace se ve al viernes.

La Reunión de Arranque Semanal tiene un propósito, una duración y una dinámica distintos a los de una reunión de gestión: es una reunión de orientación.

Qué es y qué no es

La Reunión de Arranque Semanal no es una reunión de seguimiento, no es un espacio para resolver problemas y no es una sesión donde cada quien reporta su avance. Cuando se convierte en cualquiera de esas cosas, pierde su función. Su único propósito es que todos salgan con la misma lectura de la semana: qué es prioritario, qué está en riesgo y qué necesitan saber para tomar mejores decisiones durante los próximos cinco días.

La distinción importa porque define quién habla y sobre qué. En una reunión de seguimiento, el protagonista es el avance individual. En la Reunión de Arranque, el protagonista es la semana que viene.

Duración y frecuencia

Ocurre todos los lunes, a una hora fija, y dura entre veinte y treinta minutos. La hora fija da al equipo la certeza de que ese momento existe y que pueden organizar su lunes alrededor de él. Cuando la reunión se mueve, se cancela o empieza tarde con frecuencia, el equipo deja de depender de ella y vuelve a arrancar cada uno por su lado.

Estructura

La reunión tiene un formato consistente: cada líder del equipo presenta tres elementos, en ese orden.

El primero es una victoria de la semana anterior, personal o profesional. No es un reporte de resultados ni un resumen de avances: es un momento deliberadamente breve donde cada persona comparte algo que salió bien. Este bloque tiene un propósito que va más allá de lo anecdótico. Arrancar con victorias cambia el tono con el que el equipo entra a la semana. Un equipo que empieza reconociendo lo que funcionó llega al foco operativo con más energía y con una disposición distinta a la de uno que arranca directo con problemas y pendientes.

El segundo es el foco de la semana. Cada líder declara sus tres prioridades para los próximos cinco días. No las actividades del plan, sino lo que esta semana específicamente necesita ocurrir. Cuando cada miembro del equipo escucha las prioridades de los demás, emergen naturalmente dos cosas: las dependencias que nadie había hecho explícitas y las prioridades que están duplicadas o que van en direcciones distintas. Ese momento de visibilidad compartida es lo que convierte a un grupo de líderes que operan en paralelo en un equipo que opera en la misma dirección.

El tercero es el apoyo requerido. Cada líder declara abiertamente si necesita algo de alguien más para poder cumplir sus prioridades de la semana. Este bloque no resuelve nada dentro de la reunión — las conversaciones que genera se tienen después, de manera bilateral — pero saca a la superficie el lunes lo que de otra forma aparecería como bloqueo el miércoles o el jueves. Nombrar una dependencia en treinta segundos frente al equipo tiene un efecto que ningún correo o mensaje posterior logra: todos saben, todos pueden ayudar, y quien puede ayudar lo hace sin que nadie tenga que pedírselo dos veces.

Lo que ocurre cuando este método está instalado

El efecto de la Reunión de Arranque Semanal no siempre es visible en el lunes mismo. Se vuelve visible en cómo opera el equipo el resto de la semana: menos interrupciones para alinear criterios, menos tiempo perdido en prioridades que nadie confirmó, menos situaciones donde dos personas del mismo equipo están trabajando con lecturas distintas de lo que es urgente.

Un equipo que arranca junto no necesariamente trabaja más rápido. Trabaja más en la misma dirección. Y eso, acumulado semana a semana, es lo que produce resultados que no se explican solo por el talento individual de sus miembros.

Capítulo 18. Canales Digitales

El sistema está funcionando. Las reuniones ocurren, los indicadores se revisan, los compromisos se cumplen. Y aun así hay una fricción que nadie nombra en las revisiones semanales porque no aparece en ningún indicador: la mitad del día del equipo transcurre en pantallas, y nadie acordó nunca cómo usarlas.

La reunión virtual que empieza diez minutos tarde porque alguien no encontró el link. El correo que generó una cadena de dieciocho respuestas sin ninguna decisión. La bandeja de entrada que es el primer lugar donde aterrizan todas las urgencias de todos, todos los días, antes de que el ejecutivo haya pensado qué quiere hacer con su mañana.

Fernando tenía las seis reuniones del SOa perfectamente instaladas. Lo que no había instalado era ningún acuerdo sobre lo que pasaba entre ellas. Su equipo usaba el correo para decisiones urgentes, el chat para conversaciones que requerían registro, y las reuniones para actualizar estatus que habrían tardado tres minutos en un mensaje. Cada canal hacía el trabajo del otro. El resultado era ruido en todas partes y claridad en ninguna.

Un martes por la tarde contó los correos que había recibido desde el lunes. Ciento cuarenta y tres. De esos, once requerían una decisión suya. Los otros ciento treinta y dos eran contexto, copia, actualizaciones y conversaciones que no le pertenecían. Había procesado los ciento cuarenta y tres para llegar a los once.

Lo que Fernando no había diseñado no era su sistema de gestión. Era su sistema de información.

Las herramientas digitales no se administran solas. Si el equipo no tiene acuerdos explícitos sobre qué canal usar para qué, cada persona usa el que le resulta más cómodo, y el resultado es lo que Fernando vivía: mucho movimiento de información, poca claridad de a dónde va.

Este capítulo cubre los dos canales donde más tiempo pierde un equipo ejecutivo moderno: las reuniones en formato virtual y el correo electrónico. No como temas de productividad personal, sino como herramientas de ejecución colectiva que, sin acuerdos claros, generan más ruido que avance.

Método 6: Reuniones en línea: el nuevo estándar de ejecución

Una parte significativa de las reuniones del Sistema Operativo Autónomo (SOa) ocurre hoy en formato virtual. Equipos distribuidos en distintas ciudades, colaboradores en trabajo remoto, organizaciones con operaciones en múltiples regiones: la reunión en línea dejó de ser una excepción y se convirtió en el formato estándar de trabajo. Y sin embargo, la mayoría de los equipos la trata con menos rigor que una reunión presencial, como si el hecho de estar detrás de una pantalla redujera la exigencia de preparación, atención y resultado.

El error es pensar que el problema de las reuniones en línea es tecnológico. No lo es. La plataforma importa poco si las personas que la usan no tienen un acuerdo claro sobre cómo participar. Lo que hace que una reunión virtual funcione o falle es exactamente lo mismo que hace funcionar o fallar cualquier reunión: el nivel de preparación, la calidad de la atención y la claridad de los compromisos al cierre. La virtualidad solo amplifica lo que ya existía: si el equipo tenía hábitos de reunión débiles, la pantalla los hará más evidentes. Si los tenía sólidos, el formato no cambia nada esencial.

Hay cinco prácticas que, cuando se adoptan como estándar del equipo, transforman la calidad de las reuniones virtuales de forma inmediata y sostenida.

Cámara encendida como regla, no como opción

La cámara no es un detalle estético. Es el mecanismo principal de conexión y rendición de cuentas en una reunión virtual. Cuando alguien participa con cámara apagada, desaparece del espacio compartido: no puede leer el lenguaje corporal de los demás, y los demás tampoco pueden leer el suyo. La calidad de la deliberación baja, la cohesión del equipo se erosiona y el compromiso con los acuerdos se debilita. Un equipo donde la cámara es optativa es un equipo que acepta la desconexión como estándar.

Un equipo donde la cámara es optativa no tiene un problema tecnológico: tiene un vacío de diseño. Alguien decidió no decidir, y el equipo llenó ese vacío con la opción más cómoda. El ejecutivo que define el estándar de presencia virtual antes de que el equipo lo necesite no está siendo rígido — está construyendo las condiciones mínimas para que la reunión produzca algo. Existen excepciones justificadas —problemas técnicos, situaciones personales, conexiones inestables— y deben comunicarse antes de la reunión, no aparecer como un hecho consumado cuando ya empezó la sesión.

Una reunión, una pantalla: prohibido el multitasking

La reunión virtual tiene una vulnerabilidad que la presencial no tiene: la tentación del multitasking es casi irresistible cuando nadie puede ver qué estás haciendo en la segunda pantalla. El correo abierto, el chat corporativo con notificaciones activas, el reporte que "solo voy a revisar un momento": cada una de esas distracciones tiene un costo que el equipo paga sin saberlo. La persona que está haciendo multitasking no está procesando lo que se discute. Cuando le toca hablar, aporta sin contexto. Cuando le toca decidir, decide sin información completa. La reunión pierde calidad y el equipo que sigue sí prestando atención paga el costo de la desconcentración de quien no lo estaba.

El multitasking en reuniones virtuales no es un problema de disciplina individual: es una señal de que el equipo no tiene claro por qué está en esa reunión. Cuando la agenda es ambigua y el valor de participar no es evidente, la segunda pantalla es la respuesta racional. El ejecutivo que resuelve esto con una regla de 'nada de multitasking' está atacando el síntoma. El que lo resuelve diseñando reuniones con propósito claro y duración justificada está atacando la causa. Las aplicaciones de correo y mensajería cerradas o en silencio. Si algo es tan urgente que no puede esperar hasta el cierre de la sesión, la respuesta correcta es no asistir a la reunión, no asistir a medias.

Micrófono en silencio por defecto

El micrófono en silencio cuando no se habla no es un formalismo: es respeto por la atención colectiva. Los ruidos de fondo —tráfico, conversaciones cercanas, teclados, mascotas— interrumpen el hilo de quien está hablando y fragmentan la concentración del grupo. Entrar con el micrófono en silencio y activarlo solo al hablar es un hábito que toma dos días construir y que mejora la calidad de cada sesión de forma inmediata.

Para participar en la conversación sin interrumpir al que está hablando, la función de "levantar la mano" que ofrecen las plataformas de videoconferencia cumple exactamente ese propósito: señal de que quieres hablar sin romper el hilo. El facilitador de la reunión es responsable de dar la palabra en el orden correcto. Esta práctica elimina las interrupciones, da voz a quienes de otro modo no se atreverían a hablar por encima de los más vocales, y mantiene el nivel de la conversación elevado.

La IA como copiloto de la reunión virtual

Las reuniones virtuales tienen una ventaja que la presencial no tiene: la posibilidad de activar herramientas de inteligencia artificial que trabajan en segundo plano durante la sesión. Hoy existen funciones nativas en la mayoría de las plataformas de videoconferencia que transcriben la reunión en tiempo real, identifican compromisos adquiridos, resumen los puntos clave y generan un borrador de minuta al cierre de la sesión.

El impacto es concreto: el responsable de tomar notas puede participar de la discusión en lugar de estar con la cabeza agachada escribiendo. El facilitador puede enfocarse en la dinámica de la sesión sabiendo que nada importante se perderá. Y al cierre, en lugar de dedicar veinte minutos a reconstruir lo que se dijo, el equipo revisa y valida un borrador que ya tiene la estructura correcta. La minuta sale de la reunión, no dos horas después.

Activar estas herramientas requiere transparencia con el equipo: todos los participantes deben saber que la sesión está siendo transcrita. Eso no es un obstáculo: es una práctica de integridad que además eleva la calidad de la conversación. Cuando las personas saben que lo que dicen queda registrado, tienden a ser más precisas, más comprometidas y más cuidadosas con sus afirmaciones. La IA en la reunión no solo documenta: mejora el nivel de la conversación.

Antes de convocar: ¿si necesitamos una reunión?

Las cinco prácticas anteriores asumen que la reunión virtual ya fue convocada. Pero hay una decisión que las precede y que pocas organizaciones tienen clara: cuándo la reunión es el canal correcto y cuándo no lo es.

Convocar una reunión para algo que un correo resuelve es ruido que consume el tiempo de todos. Y evitar una reunión cuando hay una decisión que necesita perspectivas distintas solo posterga algo que va a crecer.

Una decisión que necesita perspectivas distintas pide reunión. Una actualización que no requiere discusión pide correo o mensaje. Convocar una reunión para lo segundo no es eficiencia: es distribuir el costo de tu indecisión entre todos.

Una reunión virtual con estas cinco prácticas instaladas produce los mismos resultados que la mejor reunión presencial —y a veces mejores, porque elimina los tiempos de traslado, facilita la participación de personas en distintas ubicaciones y deja un registro automático de todo lo acordado. El formato no es el problema. Los hábitos del equipo sí.

Método 7: El correo electrónico: la herramienta que nadie enseñó a usar bien

En un área de 2,500 personas, el correo electrónico puede ser la herramienta de coordinación más eficiente que existe — o puede ser el ruido que evita que nadie se entere de nada. Cuando llegué, había cadenas de correo con más de cuarenta respuestas donde la decisión original seguía sin tomarse. Había mensajes marcados como urgentes que llevaban tres días sin respuesta. Y había personas que dedicaban la primera hora de su día a "limpiar" la bandeja de entrada antes de empezar a trabajar. No era un problema de la herramienta. Era un problema de los acuerdos que nadie había definido sobre cómo usarla.. La bandeja de entrada se ha convertido en el principal gestor de la agenda de muchos directivos, y eso es el problema. Quien responde al correo como primera actividad del día le entrega a otros la definición de sus prioridades.

El correo no es el problema. El uso irreflexivo del correo sí lo es. Como cualquier otra herramienta de ejecución, funciona bien cuando se usa con criterio, y genera ruido y fricción cuando se usa sin él. Cinco prácticas, aplicadas con consistencia, cambian radicalmente la relación de un equipo con esta herramienta.

Elegir el canal correcto antes de escribir

El primer error del correo electrónico es enviarlo cuando no debería ser el canal. El correo tiene un propósito específico: comunicaciones que requieren registro formal, transmisión de documentos o mensajes que permiten una respuesta asíncrona sin urgencia. Todo lo demás tiene un canal más adecuado. Una pregunta rápida o la coordinación de una tarea sencilla se resuelven mejor con un mensaje instantáneo. Una discusión compleja o una decisión urgente se resuelven mejor con una llamada o una videoconferencia de quince minutos. Convertir cualquiera de esas situaciones en una cadena de correos electrónicos genera tres problemas simultáneos: llena la bandeja de entrada de todos, ralentiza la resolución y difumina la responsabilidad.

La pregunta que debería preceder a cualquier correo es simple: ¿esto se resuelve mejor con un mensaje, una llamada o una reunión? Si la respuesta no es "mensaje", el correo no es el canal correcto. Enviar un correo cuando la situación pide una llamada no es eficiencia: es transferir a otros la incomodidad de resolver algo que podrías resolver tú directamente.

El CC como decisión, no como costumbre

El campo CC es el mayor generador de ruido organizacional que existe y el que menos atención recibe. Cada persona que se incluye en copia es una persona que recibe un correo, lo procesa, lo decide irrelevante o relevante, y consume atención. Multiplicado por decenas de correos al día y por docenas de personas en la organización, el costo colectivo es enorme. Incluir a alguien en CC debe ser siempre una decisión consciente que responda a una pregunta concreta: ¿esta persona necesita saber esto para hacer su trabajo?

Cuando la respuesta es sí, el CC tiene sentido. Cuando la respuesta es "por si acaso" o "para cubrirme", el CC se convierte en ruido que consume el tiempo de otros. Hay un efecto colateral del CC masivo que pocas veces se nombra explícitamente: cuando muchas personas están en copia de un correo que pide acción, la responsabilidad se diluye. Todos asumen que alguien más lo atenderá. La precisión en los destinatarios no es burocracia: es el mecanismo que garantiza que las responsabilidades queden claras.

En una de las empresas que trabajé, vivimos un experimento que ilustra perfectamente los límites de intentar resolver con tecnología un problema que es de hábitos. El abuso del CC era tan generalizado que la dirección decidió encargar un desarrollo específico para el sistema de correo: una restricción técnica que impedía incluir a más de cinco personas en copia en cualquier mensaje. La intención era correcta y el efecto inicial fue positivo: la cantidad de correos masivos bajó y la gente tuvo que pensar antes de copiar a alguien. Funcionaba, hasta que no funcionaba. Cuando alguien necesitaba genuinamente comunicar algo a quince personas a la vez —un anuncio de política, una actualización de proceso, una convocatoria general— el sistema no lo permitía. La restricción que resolvía un problema creaba otro diferente.

Lo que aprendí de ese experimento es algo que se aplica a cualquier intento de gestionar comportamientos con reglas técnicas: los sistemas que fuerzan un comportamiento deseado sin construir el criterio para entender por qué ese comportamiento importa, terminan generando fricción en los casos legítimos sin eliminar el problema de fondo. La solución sostenible no es limitar la herramienta: es desarrollar el juicio para usarla bien. Un equipo que entiende por qué el CC masivo destruye la atención colectiva no necesita una restricción técnica que se lo impida. Usa el CC con criterio porque entiende su costo real.

"Responder a todos" debe ser una decisión, no un reflejo automático

"Responder a todos" es el segundo gran generador de ruido organizacional. Antes de usarlo, la pregunta correcta es siempre la misma: ¿todos los destinatarios originales necesitan ver esta respuesta, o solo el remitente? La mayoría de las veces, la respuesta es solo el remitente. La excepción —cuando la información realmente es relevante para el grupo completo— es la que justifica el "responder a todos", no la regla. Usar "responder a todos" como opción por defecto es entregar a decenas de personas información que solo necesitaba una, y generar cadenas de correos que nadie leyó en su totalidad pero que todos fingieron procesar.

Cuando se necesita incluir a alguien adicional que no estaba en el correo original, la práctica correcta es añadirlos manualmente con una nota breve que explica por qué los estás incluyendo. Esa nota elimina la confusión de recibir una cadena de correos sin saber por qué estás en ella.

Procesar el correo en bloques, no en tiempo real

El correo con notificaciones activas es el destructor de concentración más eficiente que existe. Cada notificación es una interrupción. Cada interrupción rompe el hilo de pensamiento. Y recuperar el nivel de concentración previo a una interrupción toma en promedio varios minutos, según documentan las investigaciones sobre atención y productividad. Un ejecutivo con notificaciones de correo activas durante todo el día no trabaja en bloques de ocho horas: trabaja en fragmentos de tres minutos separados por interrupciones constantes.

La práctica correcta es procesar el correo en bloques programados: dos o tres veces al día, con notificaciones apagadas en los momentos intermedios. Al abrir la bandeja de entrada en esos bloques, la decisión sobre cada correo es una entre cuatro opciones: responder ahora si toma menos de dos minutos, agendar una respuesta más elaborada, delegar a quien corresponde, o archivar si no requiere acción. Procesar no es leer: es decidir qué hacer con cada mensaje y hacerlo. Una bandeja de entrada que se abre y se cierra sin haber tomado ninguna decisión no es procesamiento: es postergación disfrazada de ocupación.

La bandeja de entrada limpia: orden visual, claridad mental

Hay un principio que subyace a todas las prácticas de productividad de alto rendimiento: el desorden visible consume atención involuntaria. No hace falta mirar conscientemente un montón de papeles sobre el escritorio para que ese montón esté consumiendo recursos cognitivos. Basta con que esté ahí. La bandeja de entrada funciona exactamente igual. Una bandeja con cientos de mensajes no leídos, mezclados con correos ya respondidos, notificaciones irrelevantes y hilos de hace semanas, no es un archivo: es un recordatorio permanente de todo lo que está pendiente, incompleto o sin decidir. Y ese recordatorio tiene un costo que se paga en concentración, aunque nunca aparezca en ningún reporte de productividad.

La práctica de mantener la bandeja de entrada vacía —conocida en el mundo de la productividad como Inbox Zero— no es una obsesión por el orden estético ni una meta arbitraria. Leí La magia del orden de Marie Kondo y, aunque no es un libro de gestión empresarial, sus conceptos aplican a este tema: el desorden no se acumula por falta de espacio, sino por exceso de decisiones postergadas. Cada objeto que no recibió una decisión sigue ahí, ocupando lugar. El correo electrónico funciona exactamente igual. Inbox Zero es una consecuencia directa de procesar correctamente cada mensaje: cuando cada correo recibe una decisión —responder, delegar, archivar o eliminar— no queda nada en la bandeja. La bandeja limpia no es el objetivo; es el resultado natural de no postergar decisiones. Lo que mide no es cuántos correos tienes, sino cuántas decisiones has diferido.

La investigación sobre entornos de trabajo y desempeño cognitivo apoya esta intuición. El concepto de "carga cognitiva residual" describe cómo los elementos del entorno que representan tareas inconclusas o decisiones pendientes ocupan parte de la memoria de trabajo, incluso cuando no los estamos atendiendo activamente. Un escritorio desordenado, una bandeja llena, un sistema de archivos caótico: todos generan el mismo efecto.

La implementación práctica no requiere perfeccionismo. Al cerrar cada bloque de procesamiento de correo, la meta no es haber respondido todo: es que no quede nada sin clasificar. Los correos que requieren respuesta elaborada van a una carpeta de pendientes; los que están resueltos se archivan; los que no requieren acción se eliminan o archivan de inmediato. La bandeja de entrada funciona entonces como una superficie de trabajo, no como un almacén. Cuando terminas de procesar, queda limpia, y esa limpieza es la señal de que has tomado todas las decisiones que tenías que tomar. No hay nada flotando sin resolver. No hay nada reclamando atención de fondo.

El hábito de la bandeja limpia tiene además un efecto secundario que pocos anticipan: cambia la relación emocional con el trabajo. Un ejecutivo que abre su correo y ve una bandeja ordenada percibe control. Uno que lo abre y encuentra doscientos mensajes acumulados percibe desbordamiento, estrés, incluso antes de leer el primero. Esa percepción importa: el estado de control o desbordamiento con el que empiezas a procesar información afecta directamente la calidad de las decisiones que tomas a continuación. El orden no es solo funcional; es una señal que el sistema le envía a quien lo usa.

El correo electrónico bien gestionado reduce la fatiga informativa, aumenta la claridad de las responsabilidades y libera atención para el trabajo que realmente importa. Estas cuatro prácticas no son reglas de etiqueta corporativa: son decisiones de diseño sobre cómo fluye la información en el equipo. Y como todo lo que se diseña bien, cuando se convierten en hábito, dejan de costar esfuerzo y empiezan a producir resultados solos.

Capítulo 19. Conversaciones críticas

Hay cosas que el sistema no puede hacer por ti.

El SOa estructura lo predecible: las reuniones ocurren, los indicadores se revisan, los planes se actualizan. Pero hay momentos donde el trabajo no es ejecutar una agenda ni revisar un tablero. El trabajo es la conversación. Y esa conversación no tiene formato, no tiene responsable asignado en el plan trimestral, y nadie la va a convocar si tú no lo haces.

El indicador que lleva tres semanas en rojo y cuya causa real nadie ha dicho en voz alta. El conflicto entre dos líderes que aparece disfrazado de problema de proceso en cada reunión semanal. La decisión que dos áreas llevan días sin poder tomar porque ninguna quiere ser la que cede. La retroalimentación que un colaborador necesita escuchar y que su líder lleva meses postergando porque no sabe cómo decirla sin dañar la relación.

Ninguna de esas situaciones aparece en el tablero BSC. Todas están frenando al área.

María lo vio venir tres semanas antes de que se convirtiera en un problema. Dos de sus líderes trabajaban en iniciativas que dependían del mismo equipo de soporte, y las prioridades estaban chocando. En las reuniones semanales ambos reportaban avance. En los pasillos, cada uno le decía lo mismo con palabras distintas: el otro está bloqueando mi iniciativa.

Lo correcto era sentarlos juntos y nombrar el conflicto. María lo sabía. También sabía que uno de ellos llevaba ocho años en la empresa, que la conversación iba a ser incómoda, y que si salía mal podría afectar la dinámica del equipo completo justo en el trimestre más crítico del año.

Esperó una semana más. Luego otra. En la tercera semana, una de las iniciativas perdió su fecha de entrega.

María convocó la reunión ese mismo día. Tarde, pero la convocó.

Al salir, una de sus líderes le dijo algo que no olvidó: "Ojalá hubiéramos tenido esta conversación antes." María asintió. No respondió lo que pensaba: que ella también lo sabía desde el principio, y que lo que la había detenido no era falta de método. Era el mismo miedo que detiene a cualquier ejecutivo frente a una conversación difícil: la posibilidad de que salga mal.

El sistema te da estructura para lo que puedes anticipar. Lo que no puede darte es el criterio para actuar cuando la conversación correcta es también la más incómoda. Ese criterio es tuyo, y se construye con práctica deliberada, no con buenas intenciones.

Este capítulo cubre cuatro situaciones donde el sistema no alcanza y la conversación es el único camino: cuando dos áreas no pueden resolver un conflicto solas, cuando alguien necesita escuchar algo que nadie quiere decir, cuando un mensaje crítico llega enterrado en contexto innecesario, y cuando la persona frente a ti está hablando pero tú no estás escuchando de verdad. Cuatro métodos. Una sola condición de fondo: elegir la claridad antes de que el silencio se vuelva más caro.

Método 8: Escalación efectiva: de la acusación a la colaboración

Hay una conversación que ocurre todos los días en todas las organizaciones y que la mayor parte de los equipos maneja mal. Es la conversación sobre qué hacer cuando dos personas, dos áreas o dos responsabilidades entran en conflicto y no pueden resolverlo entre ellas. La respuesta instintiva suele ser una de dos: aguantar la tensión hasta que alguien ceda —generalmente quién tiene menos poder formal— o escalar el problema de una manera que se siente, y con razón, como una acusación.

Ambas opciones tienen el mismo problema: el negocio no avanza. El proyecto se detiene, la decisión se posterga, la tensión se acumula y la relación entre las personas se deteriora sin que nadie haya resuelto nada. La escalación efectiva propone una tercera vía: tratar el conflicto de criterios no como un problema interpersonal sino como un recurso estratégico para proteger el resultado del negocio.

Por qué escalar tiene mala reputación

La connotación negativa de la escalación no viene del acto en sí sino de la forma en que históricamente se ha ejecutado. Escalar se asocia a "voy a decirle a tu jefe porque no me das lo que quiero". Esa versión de la escalación genera miedo, actitudes defensivas y resentimiento porque su propósito real no es resolver el problema sino ganar una discusión. Critica el trabajo de la otra persona, ignora su contexto, e intenta imponer un resultado de forma unilateral. Eso no es escalación: es política organizacional disfrazada de resolución de problemas.

La escalación efectiva es exactamente lo opuesto. Parte de una premisa diferente: a veces dos personas tienen responsabilidades válidas pero opuestas. El área de negocio necesita una entrega urgente. El área de TI tiene una capacidad técnica limitada en ese momento. Ninguno está equivocado. Ambos tienen razón desde su posición. Y precisamente por eso no pueden resolverlo entre ellos: necesitan a alguien con una visión más amplia que pueda tomar una decisión informada sobre qué priorizar.

Cómo ejecutar una escalación efectiva

El primer paso, antes de escalar, es reconocer explícitamente que la postura de la otra persona es tan válida como la tuya. No hay un error que corregir: hay una tensión legítima entre dos responsabilidades que no pueden satisfacerse simultáneamente con los recursos disponibles. Ese reconocimiento cambia completamente el tono de la conversación que viene después.

El segundo paso es la notificación transparente: antes de involucrar a un tercero, se le informa a la contraparte que eso es lo que va a ocurrir. "No hemos podido llegar a un acuerdo y creo que necesitamos a alguien con una visión más amplia para ayudarnos a decidir. Voy a invitar a una perspectiva adicional para ayudarnos a destrabar esto." Esa frase, dicha así, no es una amenaza: es una propuesta de colaboración. La persona que escala sin avisar, o que escala y describe a la otra parte como el problema, está haciendo lo que convierte la escalación en una herramienta política.

El tercer paso define el contenido de la escalación: hechos y consecuencias, nunca adjetivos. "El caso tiene tres días sin resolución y el cliente tiene una operación detenida" es información. "El área de TI no quiere resolver el problema" es una interpretación que genera defensividad y cierra la conversación antes de que empiece. La persona que recibe la escalación necesita hechos objetivos para decidir con criterio, no juicios sobre las personas involucradas. Y el objetivo de la escalación siempre debe declararse explícitamente: se busca una decisión sobre qué priorizar, no una sanción para nadie.

El cuarto paso, una vez que el tercero decide, es que ambas partes ejecuten la resolución sin reservas. La escalación produce una decisión, no una victoria. La persona cuya postura no fue la que prevaleció no perdió: obtuvo claridad sobre qué hacer y puede ahora enfocar su energía en ejecutar en lugar de seguir negociando. Eso es el valor de la escalación efectiva: desbloquea el avance sin desgaste emocional y sin que nadie tenga que ceder por agotamiento.

La regla de No Sorpresas: escalar a tiempo, no cuando ya es tarde

La escalación efectiva tiene un complemento sin el cual pierde gran parte de su valor: la regla de No Sorpresas. En la gestión ejecutiva, el peor escenario no es un problema: es un problema del que nadie tenía conocimiento hasta que ya era demasiado tarde para actuar. Un director que se entera de que un proyecto está en riesgo el día antes de la fecha de entrega no puede maniobrar. Un cliente al que se le informa de un retraso cuando el retraso ya ocurrió no puede recalibrar sus expectativas. La sorpresa convierte los problemas manejables en crisis innecesarias.

La regla de No Sorpresas aplicada a la escalación es simple: si detectas que tú y tu contraparte no van a llegar a un acuerdo, no esperes a que venza el plazo para involucrar al tercero. Involucra al tercero mientras todavía hay tiempo de ajustar la estrategia, renegociar la fecha o reasignar recursos. Escalar a tiempo no es una señal de debilidad ni de falta de capacidad: es una señal de control sobre la situación. Quien avisa con anticipación demuestra que entiende el problema, lo tiene identificado y está tomando las acciones necesarias para proteger el resultado.

La comunicación de No Sorpresas tiene dos direcciones. Hacia arriba: la persona o área a quien escalo debe saber del riesgo antes de que se materialice. Hacia el lado: mi contraparte debe saber que voy a reportar la situación, como se dijo en el paso de notificación transparente. Y el contenido del reporte no es solo el desacuerdo: es lo que ocurrirá si no se toma una decisión. "Si no se define qué priorizar antes del viernes, el proyecto X no puede entregar en la fecha comprometida y el cliente perderá la ventana de implementación." Eso no es una alarma: es información que el tercero necesita para decidir bien.

Escalar no es fallar en la comunicación. Es cumplir con la responsabilidad de que nadie sea tomado por sorpresa cuando el resultado del negocio esté en juego. Escalar efectivamente es ayudar a resolver, no a culpar.

Método 9: Conversaciones que no se pueden posponer

Hay un tipo de problema que ninguna herramienta del SOa puede resolver: el que existe cuando dos personas necesitan hablar de algo importante y ninguna lo está diciendo con la claridad que el tema requiere. El tablero BSC no lo resuelve. El Plan Trimestral tampoco. Lo que lo resuelve es una conversación. Y no cualquier conversación: una que puede nombrar lo que importa sin que el miedo a la reacción del otro determine qué se dice y qué se calla.

Un ejecutivo que evita estas conversaciones no las elimina. Las acumula. El indicador en rojo que nadie nombra directamente produce una reunión donde todos hablan alrededor del problema pero nadie habla del problema. El conflicto entre áreas que nadie resuelve de frente llega al ejecutivo semanas después con el doble de complejidad.

La conversación difícil pospuesta no desaparece. Crece.

El mecanismo central: la seguridad psicológica

Las conversaciones difíciles funcionan cuando la otra persona se siente segura. No cómoda — sino segura en el sentido de que el otro no busca atacarla, que existe un propósito común y que hay genuina apertura a escuchar. La seguridad psicológica se construye con comportamientos específicos que ocurren antes de que el tema difícil aparezca.

La diferencia entre el ejecutivo que evita las conversaciones difíciles y el que las conduce bien no es el carácter. Es la preparación. Y esa preparación tiene una secuencia concreta, dividida en tres momentos: lo que haces antes de abrir la conversación, lo que haces durante ella, y lo que haces cuando termina.

Antes: el trabajo que nadie ve pero que lo determina todo

Paso 1. Tener el objetivo en mente. Antes de abrir cualquier conversación difícil, la pregunta obligatoria es: ¿qué resultado concreto quiero que produzca esta conversación? No el desahogo, no tener razón, no demostrar un punto. El resultado. Un ejecutivo que entra a una conversación sin responder esa pregunta tiende a improvisar, y la improvisación en conversaciones de alto riesgo casi siempre produce el resultado opuesto al que buscaba. La claridad del objetivo también ayuda a identificar el propósito común: ¿qué es lo que yo y el otro compartimos, más allá de nuestras posiciones? Ese propósito común es el suelo firme sobre el que se construye la seguridad psicológica.

Durante: lo que ocurre en la sala

Paso 2. Evitar el silencio. La peor decisión que puede tomar un ejecutivo frente a un tema importante es quedarse callado. El silencio no es neutralidad: es una forma de comunicación que le dice al otro que no merece la conversación, que el tema no importa, o que el ejecutivo no confía en que la conversación pueda producir algo útil. Ninguna de esas señales ayuda. Decir lo que importa, aunque incomode, siempre es mejor que callarlo.

Paso 3. Evitar la violencia. El otro extremo es igualmente destructivo. Comunicarse de manera agresiva — acusando, generalizando, atacando a la persona en lugar del comportamiento — activa en el otro un estado defensivo que hace imposible la escucha. Una persona en modo defensivo no está procesando lo que dices: está buscando cómo protegerse. La conversación puede seguir ocurriendo formalmente, pero dejó de funcionar. El tono no es un detalle de cortesía: es una condición técnica para que la conversación produzca lo que debe producir.

Paso 4. Comunicación asertiva. El espacio entre el silencio y la violencia es donde vive la conversación que funciona. Comunicar con asertividad significa decir lo que necesita decirse — con hechos concretos, sin interpretaciones disfrazadas de hechos, sin generalizar — manteniendo un entorno que sea seguro tanto para quien habla como para quien escucha. Esto requiere separar los hechos de las historias que nos contamos sobre esos hechos. "Llegaste tarde a tres reuniones esta semana" es un hecho. "No te importa el equipo" es una interpretación. La conversación asertiva trabaja con hechos y abre espacio para que el otro explique lo que hay detrás de ellos.

Posterior: lo que convierte la conversación en cambio real

Paso 5. Acordar acciones y cumplir el objetivo. Una conversación difícil que termina sin compromisos concretos fue un buen intercambio, no una conversación que resolvió algo. El cierre debe producir acuerdos específicos: qué cambia, quién hace qué, para cuándo y cómo se verifica. Esos acuerdos son lo que convierte la incomodidad de la conversación en un resultado útil para ambas partes. Sin ese cierre, la conversación alivia la tensión momentáneamente pero no resuelve lo que la generó.

Método 10: La comunicación que va al punto

Hay un perfil que existe en casi todas las organizaciones y que cualquier ejecutivo reconoce en cuanto lo escucha descrito: la persona que —como decimos en México— tira mucho rollo. No es alguien sin ideas — generalmente tiene muchas. Tampoco es alguien sin intención de comunicar bien — de hecho, el rollo suele venir de un impulso genuino por ser claro, por dar suficiente contexto, por asegurarse de que el otro entienda. El problema es que el efecto es exactamente el opuesto al que busca: mientras más contexto agrega antes de llegar al punto, más atención pierde. El oyente deja de escuchar antes de que llegue lo importante.

Lo más difícil de este hábito es que quien lo tiene rara vez lo ve. No es una decisión consciente de hacer perder el tiempo: es un patrón adquirido durante años, instalado tan profundo que se activa solo, sin que la persona lo note. Corregirlo requiere algo que pocos ejecutivos practican activamente: escucharse a sí mismos mientras hablan, y hacerse en tiempo real la pregunta que debería preceder cualquier comunicación importante: ¿ya llegué al punto, o todavía estoy llegando?

El tiempo del otro también es oro

Antes de entrar al método, vale la pena nombrar la razón de fondo. A lo largo de este libro hemos hablado de gestionar la agenda, proteger bloques de concentración y priorizar lo que realmente importa. Ese mismo ejercicio lo está haciendo cada ejecutivo con quien te comunicas. Su tiempo tiene el mismo valor que el tuyo. Su atención está tan disputada como la tuya. Cuando llegas al punto rápido, no estás siendo frío ni descortés: estás tratando su tiempo con el mismo respeto con el que quieres que traten el tuyo. En el mundo ejecutivo, la comunicación directa no es un estilo de personalidad — es una forma de respeto.

El principio BLUF

BLUF viene del inglés Bottom Line Up Front — la conclusión primero, el sustento después. El principio es simple: lo primero que dices o escribes debe ser lo más importante que quieres que el otro retenga. Todo lo que sigue es sustento, no introducción.

El preámbulo invierte ese orden. El correo que empieza con tres párrafos de contexto antes de llegar a lo que pide. La presentación que recorre veinte diapositivas antes de revelar la recomendación. La reunión donde el primer cuarto de hora se va en antecedentes que todos en la sala ya conocen. En ninguno de esos casos el problema es la información — el problema es el orden en que llega. Cuando el punto aparece al final, el interlocutor gasta energía procesando contexto sin saber todavía para qué lo necesita. Cuando aparece al inicio, puede procesar ese mismo contexto en función de algo concreto que ya entiende. La diferencia en comprensión y velocidad de decisión es significativa.

La prueba práctica es directa: si alguien leyera solo la primera oración de tu correo o escuchara solo los primeros treinta segundos de tu presentación, ¿sabría exactamente qué necesita hacer o decidir? Si la respuesta es no, el orden está invertido.

La aplicación varía según el canal, pero la lógica es siempre la misma. En el correo: primero qué necesitas del destinatario y para cuándo, luego por qué es relevante para él, y el contexto solo si es estrictamente necesario para actuar. En presentaciones y reportes: la primera diapositiva o el primer párrafo contiene la recomendación, no el índice ni los antecedentes. En conversaciones y reuniones: se abre con el punto antes de explicar el contexto.

La comunicación directa no elimina el riesgo de que la recomendación sea rechazada. Pero hace que la conversación sea más honesta, más rápida y más útil para ambas partes. Y en un mundo donde la atención es el recurso más escaso de cualquier ejecutivo, llegar al punto no es una virtud de estilo — es una obligación de fondo.

Comunicar directo y escuchar profundo son la misma práctica aplicada en distinto momento de la conversación. Ir al punto no significa cortar la conversación antes de que el otro haya dicho lo que necesita decir. Es la contraparte necesaria del siguiente método.

Método 11: La escucha que desbloquea

Hay una pregunta que la mayoría de los ejecutivos respond-
erían con un sí inmediato si alguien se las hiciera: ¿Escuchas
bien a tu equipo? La respuesta honesta, para la mayoría, es
más complicada. Dicen por ahí que nos hicieron con dos oídos
y una sola boca precisamente para escuchar el doble de lo que
hablamos. En la práctica, la mayoría operamos exactamente
al revés.

Escuchar es una de las actividades más sobreestimadas en el
mundo ejecutivo porque confundimos dos cosas que no son lo
mismo: estar presente físicamente mientras el otro habla, y
procesar de verdad lo que está diciendo. El ejecutivo que revisa mentalmente su agenda mientras un colaborador le explica un problema está en la sala. No está escuchando.

Un ejecutivo que no escucha bien tiene información incompleta y toma decisiones sobre una realidad parcial. No es un
defecto de carácter — es un déficit operativo.

Tres niveles de escucha

El primer nivel es la escucha evaluativa: el interlocutor
juzga si está de acuerdo mientras el otro habla. Es el nivel más
común y el menos útil para obtener información real.

El segundo nivel es la escucha activa: presta atención al
contenido y hace preguntas para entender mejor antes de
evaluar.

El tercer nivel es la escucha generativa: escucha no solo
para entender lo que el otro dice, sino para entender lo que el
otro todavía no ha dicho — la preocupación detrás de la queja,
el problema real detrás del síntoma reportado.

Las cuatro palancas prácticas

Presencia completa. Dos minutos antes de una conversación importante, detente y despeja la mente del tema que traías. Llegar mentalmente ocupado es llegar a medias, y eso se nota antes de que digas una sola palabra.

Pregunta abierta antes que respuesta. ¿Qué has intentado ya? ¿Qué está frenando la resolución desde tu perspectiva? ¿Qué necesitas que yo decida?

Validar antes de concluir. Validar no es estar de acuerdo. Es demostrar que lo que el otro dijo llegó.

Silencio intencional. Tres segundos de silencio después de que alguien termina de hablar producen más información que cualquier pregunta de seguimiento.

Lo que el ejecutivo hace sin darse cuenta

Tres comportamientos inhiben la escucha: interrumpir para corregir antes de que el otro termine, terminar las frases del otro, y resolver el problema antes de escucharlo completo. Los tres tienen el mismo efecto acumulado: el equipo aprende a decir menos y a guardar la información incómoda.

La métrica informal que vale revisar cada mes: en las últimas cuatro sesiones de Pulso Directo, ¿cuánto habló el ejecutivo y cuánto escuchó? La proporción ideal es 30–70.

Capítulo 20. El ejecutivo detrás del sistema

Los métodos de los dos capítulos anteriores operan sobre lo visible: el calendario, el correo, la reunión, la conversación. Producen resultados rápidos y medibles. Este último grupo opera sobre algo más difícil de ver y más lento de cambiar: la dinámica del equipo como unidad y el estado del ejecutivo como persona.

Ninguno de estos cinco métodos produce un resultado observable en la primera semana. Tampoco en el primer mes. Son inversiones de largo plazo que determinan hasta dónde puede llegar el sistema que construiste. Un equipo técnicamente bien organizado pero disfuncional en sus dinámicas internas no sostendrá el método más allá del entusiasmo inicial. Un ejecutivo con un sistema sólido pero sin inteligencia emocional introducirá distorsión en cada conversación sin darse cuenta. Un área que resuelve síntomas en lugar de causas raíz repetirá los mismos problemas con nombres distintos año tras año.

Estos métodos no se instalan de golpe. Se practican. La señal de que están funcionando no es un indicador en el tablero — es que el equipo maneja sus propias tensiones antes de que lleguen al líder, que los cambios encuentran menos resistencia que antes, y que el ejecutivo llega al viernes con la misma energía con la que llegó el lunes.

Son los métodos que distinguen a un área que ejecuta de un área que aprende.

Método 12: El equipo que ejecuta: las cinco disfunciones que hay que vencer

El Sistema Operativo Autónomo (SOa) define las reuniones, los indicadores, los procesos y los ritmos de revisión. Pero todo eso descansa sobre algo que lo hace posible o lo hace imposible: el equipo. Un equipo disfuncional puede tener el método más sólido del mundo y seguir sin ejecutar. Las reuniones se convierten en actuaciones. Los compromisos se firman sin intención de cumplirse. Los indicadores se maquillan antes de la revisión. El SOa necesita un equipo que realmente funcione para producir los resultados que promete.

Patrick Lencioni, en Las cinco disfunciones de un equipo, identificó por qué los equipos inteligentes con buenos recursos y objetivos claros no ejecutan. La cascada de disfunciones que se alimentan entre sí desde la base. Cada una es consecuencia de la anterior. Entenderlas en ese orden es lo que permite intervenir en el lugar correcto.

La pirámide invertida: cómo colapsa un equipo desde la base

Todo empieza con la **ausencia de confianza**. No la confianza superficial de llevarse bien, sino la confianza profunda que permite reconocer errores, admitir limitaciones y pedir ayuda sin temor a que eso sea usado en contra. Un equipo sin esa confianza no puede tener conversaciones reales porque cada miembro está gestionando su imagen en lugar de gestionar el problema. Y cuando no hay conversaciones reales, aparece la segunda disfunción: **el temor al conflicto**. Las discrepancias existen pero se expresan en conversaciones de pasillo, en mensajes privados o en el silencio incómodo de quien no dice lo que piensa. Las reuniones se vuelven actos de aprobación donde todo el mundo dice que sí y luego hace lo que le parece.

Cuando no hay conflicto real, no hay **compromiso** genuino: la tercera disfunción. Si alguien no expresó su punto de vista real en la discusión, la decisión tomada no es suya. Y lo que no es tuyo no lo defiendes. Las personas fingen estar de acuerdo en las reuniones y ejecutan a medias o en la dirección que ellas consideran correcta, no en la que el equipo decidió. Esa fricción silenciosa lleva directamente a la cuarta disfunción: la **evasión de responsabilidades**. Nadie se hace cargo de lo que no le perteneció desde el inicio. Los compromisos se postergan, se renegocian en silencio o simplemente no se cumplen. Y el resultado de todo esto es la quinta disfunción: la **falta de atención a los resultados colectivos**. Cada persona prioriza sus objetivos individuales o los de su área por encima de las metas del equipo. El BSC muestra verde en todos los indicadores de cada silo y rojo en los indicadores que miden el resultado del conjunto. El equipo está ocupado, incluso exitoso por partes, pero el negocio no avanza.

Lo que hace poderoso este modelo es su secuencialidad. No puedes saltarte niveles. Si intentas construir compromiso sin haber resuelto el conflicto, los compromisos serán superficiales. Si intentas exigir responsabilidades sin compromiso real, generarás resentimiento en lugar de cultura de cumplimiento. La intervención correcta siempre empieza por la base: la confianza.

Los cinco pasos para construir el equipo

Para construir **la confianza**, el primer paso es la vulnerabilidad del líder. No hay equipo que se abra si el líder no se abre primero. Compartir historias personales, reconocer errores propios en público, hablar de limitaciones reales: esos actos no debilitan la autoridad del líder, la fortalecen. Porque demuestran que en ese equipo la vulnerabilidad no se castiga. Herramientas como el MBTI o el ejercicio de eficacia del equipo —donde cada miembro identifica la aportación más importante y el área de oportunidad de cada colega, empezando siempre por el propio líder— aceleran ese proceso de apertura.

Sobre esa confianza se construye el segundo paso: el **conflicto constructivo**. El objetivo no es eliminar el conflicto sino normalizarlo. Un equipo que sabe que puede discrepar sin consecuencias personales produce mejores decisiones porque pone sobre la mesa toda la información disponible, incluida la incómoda. Cada persona debe entender su propio patrón de respuesta ante el desacuerdo y el del resto del equipo, lo que hace posible intervenir con más inteligencia cuando la tensión sube. El rol del líder en este nivel es activo: promover los conflictos saludables, identificar cuando aparecen y proteger el espacio para que se resuelvan en la sala, no en los pasillos.

El tercer paso es el **compromiso**, y tiene una condición que la mayoría de los equipos ignora: el compromiso no requiere consenso, requiere claridad. Un equipo puede tomar una decisión que no fue la opción preferida de todos sus miembros y aun así generar un compromiso genuino —si la discusión fue real, si las voces fueron escuchadas y si la decisión fue tomada con transparencia. Lo que destruye el compromiso no es perder la discusión: es no haber podido participar en ella. La práctica de la cascada de mensajes —revisar al cierre de cada reunión qué se decidió, qué se comunica y a quién— cierra el ciclo y elimina la ambigüedad que pudre los compromisos.

El cuarto paso es la **responsabilidad mutua**, y aquí el rol del líder cambia de forma significativa. En los equipos disfuncionales, el líder es el único que exige cuentas. En los equipos de alto desempeño, los pares se exigen entre sí. Publicar las metas y los compromisos de cada miembro —hacerlos visibles para todo el equipo— transforma la dinámica: la presión de rendir cuentas no viene solo del jefe sino del colega que también depende de que ese compromiso se cumpla. El líder debe ser el árbitro final cuando el equipo falla, no el primer y único mecanismo de exigencia.

El quinto paso corona todo lo anterior: la atención a los **resultados colectivos**. Cuando los cuatro niveles previos están construidos, el equipo puede hacer algo que pocos equipos logran de verdad: anteponer el resultado del conjunto al resultado individual. Eso no se declara: se diseña. Las recompensas deben estar vinculadas a los resultados del equipo, no solo al rendimiento individual. Los objetivos del equipo deben estar declarados públicamente. Y el líder debe modelar el comportamiento que espera: si el líder valora algo distinto al resultado colectivo, el equipo hará lo mismo.

Método 13: La gestión del cambio que no se improvisa

Todo ejecutivo enfrenta cambios que su equipo debe adoptar. Algunos son cambios del SOa: una nueva reunión, un proceso rediseñado, un indicador que reemplaza a otro. Otros son cambios que vienen de afuera: una reorganización, una tecnología nueva, una política corporativa. En ambos casos, el instinto más común es el mismo — anunciar el cambio, explicarlo en una reunión, y asumir que la gente lo adoptará.

No funciona así.

La resistencia al cambio no es irracionalidad ni mala voluntad. Es el comportamiento natural de cualquier persona que recibe una instrucción nueva sin entender por qué existe, sin querer adoptarla, sin saber cómo hacerlo, o sin ver que haya consecuencias reales si no lo hace. La pregunta correcta cuando alguien no está adoptando algo no es ¿por qué no quiere?, es ¿en cuál de las cinco condiciones está la oportunidad?

Existe un modelo llamado ADKAR, identifica cinco condiciones que deben cumplirse en orden para que cualquier cambio se adopte de forma sostenida:

Conciencia. La persona entiende por qué el cambio es necesario. Sin conciencia del problema que el cambio resuelve, no hay disposición para ninguno de los pasos siguientes.

Deseo. La persona quiere participar en el cambio. La conciencia no produce deseo automáticamente. El deseo se construye con conversaciones individuales, no con anuncios grupales.

Conocimiento. La persona sabe cómo operar en el nuevo esquema. Sabe qué hacer el lunes siguiente. No en abstracto: paso a paso, con la herramienta en la mano.

Habilidad. La persona es capaz de ejecutar lo que sabe. La habilidad se construye con práctica, con acompañamiento, con errores corregidos en tiempo real.

Refuerzo. El comportamiento nuevo se sostiene en el tiempo. Sin refuerzo, los hábitos nuevos ceden ante los hábitos viejos.

Lo más valioso del modelo no es la lista. Es el diagnóstico que hace posible. Tres perfiles aparecen con regularidad: el escéptico silencioso asiste pero no adopta — su brecha casi siempre es Deseo. El experto histórico no ve la necesidad del cambio

— su brecha es Conciencia. El entusiasta que no sostiene arranca con energía y decae — su brecha es Refuerzo. Cada perfil requiere una intervención distinta.

Método 14: La Causa Raíz

Hay una forma de resolver problemas que parece eficiente porque produce resultados visibles rápido: atacar el síntoma. El indicador cae, se toma una acción correctiva, el indicador sube. El problema reaparece tres semanas después. Y así, semana tras semana, el equipo está ocupado resolviendo el mismo problema de formas distintas sin que nadie se detenga a preguntarse por qué sigue ocurriendo.

Es el ciclo que el SOa existe para romper.

Los tres niveles de cualquier problema

El primer nivel es el síntoma: lo que se observa, lo que activa la alarma. El síntoma es real e importante — es la señal de que algo está fallando. Pero resolver en el nivel del síntoma es tapar la fuga sin cerrar la llave.

El segundo nivel es la causa inmediata: la razón directa por la que el síntoma ocurrió. Si solo se atiende, el problema regresa cuando vuelvan a darse las mismas condiciones.

El tercer nivel es la causa raíz: la condición sistémica que hace posible que la causa inmediata exista. La causa raíz es la que, eliminada, hace que el problema no pueda reproducirse bajo las mismas condiciones.

Cuándo hacer análisis de causa raíz

No todo problema requiere análisis profundo. El criterio tiene tres preguntas: ¿Este problema se ha repetido varias veces? ¿Su impacto afecta directamente al cliente, al resultado financiero o a la capacidad operativa? ¿La acción correctiva anterior no funcionó o funcionó solo temporalmente? Si el problema responde sí a cualquiera de las tres, merece análisis de causa raíz.

Dos herramientas para llegar a la raíz

Los **5 Porqués**. Simple, rápida y suficiente para la mayoría de los problemas operativos. Ante el síntoma identificado, se pregunta ¿por qué ocurrió? La respuesta es la causa inmediata. Se vuelve a preguntar ¿por qué?, ¿por qué?, ¿por qué? y ¿por qué?, es decir, 5 veces, hasta llegar a una causa que no tenga otra causa detrás. Cada respuesta debe ser un hecho observable, no una interpretación.

El **Diagrama de Ishikawa**. Para problemas con múltiples causas que operan en paralelo. Organiza las causas posibles en seis categorías — personas, procesos, sistemas, entorno, materiales, medición — y permite mapear visualmente la red de factores antes de priorizar cuál atacar primero.

Dónde vive en el SOa

El espacio natural es la Reunión de Resolución Operativa. Cuando un problema lleva más de dos semanas sin resolverse, o cuando la misma solución se está aplicando por tercera vez, es la señal de que se necesita análisis de raíz. El resultado no es solo la causa identificada: es la acción sistémica que la elimina, registrada como compromiso en el tablero BSC.

Método 15: Inteligencia emocional del ejecutivo

Hay una variable que ninguna herramienta de este libro puede gestionar por ti: el estado interno desde el que operas cada día. El SOa estructura el área. Ordena las reuniones, clarifica prioridades, distribuye responsabilidades. Pero todo eso llega al equipo a través de ti. Y si el canal está en mal estado, el sistema llega distorsionado, independientemente de qué tan bien diseñado esté en el papel.

El trabajo ejecutivo genera presión de forma permanente. Fricciones con pares, decisiones con información incompleta, equipos que no avanzan al ritmo que deberían. Esas situaciones no son excepciones: son la descripción del trabajo. El estrés no es una señal de que algo salió mal. Es la condición normal de quien opera con responsabilidad real. El problema no es el estrés. El problema es tomar decisiones desde un estado emocional alterado sin saberlo.

El estado interno como variable de liderazgo

Un ejecutivo que recibe una crítica y la procesa como amenaza personal va a responder diferente a uno que la procesa como información útil. Uno que interpreta la resistencia de su equipo como falta de compromiso va a actuar diferente a uno que la interpreta como una señal de que el cambio necesita más contexto. La situación es la misma. El estado interno desde el que se lee cambia todo lo que sigue.

Esto es lo que la inteligencia emocional significa en la práctica ejecutiva: no la ausencia de emociones, sino la capacidad de observarlas sin ser gobernado por ellas. Reconocer que estás irritado antes de entrar a una reunión difícil no te hace menos ejecutivo. Te hace uno mejor, porque puedes decidir cómo vas a entrar en lugar de simplemente reaccionar.

Los diferentes puntos de vista como recurso, no como amenaza

El ejecutivo que ha desarrollado inteligencia emocional tiene una ventaja específica en las conversaciones difíciles: puede escuchar una perspectiva con la que no está de acuerdo sin sentirla como un ataque personal.

Cuando alguien cuestiona una decisión que tomaste, hay dos formas de procesarlo. Una activa el mecanismo de defensa: buscar argumentos para sostener la posición, descalificar la fuente, cerrar la conversación. La otra activa la curiosidad: ¿qué ve esta persona que yo no estoy viendo? ¿Qué información tiene que yo no tengo? La primera respuesta es más rápida. La segunda produce mejores decisiones.

Un equipo con puntos de vista diversos no es un equipo difícil de gestionar: es un equipo que tiene más capacidad de ver el problema completo. El ejecutivo que puede contener esa diversidad sin necesitar que todos piensen igual — y sin perder su propio criterio en el proceso — está operando con inteligencia emocional aplicada al liderazgo.

Tres prácticas que hacen la diferencia

La inteligencia emocional no se instala de golpe. Se desarrolla con práctica deliberada sobre situaciones reales.

La pausa antes de responder. Cuando una situación activa una reacción emocional fuerte — irritación, frustración, defensiva — la práctica es simple: no responder de inmediato. No porque la respuesta vaya a ser incorrecta, sino porque darle unos segundos al sistema racional cambia la calidad de lo que sale.

Separar el hecho de la interpretación. Ante cualquier situación que genere tensión, el ejercicio es preguntarse: ¿qué ocurrió exactamente? ¿Qué estoy interpretando que ocurrió? La diferencia entre las dos respuestas suele ser grande, y en esa diferencia vive la mayor parte del estrés ejecutivo.

La revisión al cierre del día. No para juzgar lo que salió mal, sino para identificar qué situaciones activaron reacciones que no querías. Ese registro, hecho con consistencia, revela patrones. Y los patrones son los que se pueden trabajar.

Dónde vive en el SOa

Este método no tiene una reunión propia ni un formato en el tablero. Vive en la calidad con la que se ejecutan todos los demás métodos. Se nota en cómo el ejecutivo conduce el Pulso Directo cuando está bajo presión. En cómo facilita la Reunión de Resolución Operativa cuando el problema lleva semanas sin resolverse. En cómo responde cuando un indicador está en rojo por tercera semana consecutiva.

Método 16: El atleta corporativo

Hay un error de cálculo que cometen muchos ejecutivos cuando la presión sube: sacrificar la salud en nombre de los resultados. Desayunar mal porque no hay tiempo, cancelar el ejercicio porque hay una reunión, dormir poco porque quedan pendientes. Cada decisión parece razonable en el momento. El costo acumulado no aparece en ningún reporte, pero se siente antes de que los números lo digan.

Lo viví de cerca. Hubo un período de mi carrera donde el trabajo consumía todo — sin método, con muchas ganas, pero sin ningún sistema que protegiera lo más básico. Semanas de fatiga crónica, dolores de cabeza que no cedían, energía que se agotaba antes del mediodía. Cuando finalmente fui al médico y me hice los estudios correspondientes, el resultado fue incómodo: mis indicadores mostraban el perfil de una persona quince años mayor. Los principales factores de riesgo cardiovascular estaban fuera de rango. El médico fue directo: si no cambiaba algo, el camino terminaba en un problema serio.

Ese día entendí algo que ningún libro de gestión me había enseñado: el ejecutivo es el sistema. Y un sistema que no recibe mantenimiento no colapsa de golpe — se degrada poco a poco, de formas que son invisibles hasta que ya no lo son.

Harvard Business Review acuñó el concepto que mejor describe lo que aprendí ese día: el atleta corporativo. La idea es simple y poderosa — un ejecutivo de alto desempeño debe pensar en su cuerpo y su mente con la misma lógica que un atleta profesional. No porque el trabajo sea un deporte, sino porque ambos requieren rendir con consistencia bajo presión, durante años, sin desgastarse en el intento.

Tres pilares, una condición operativa

El atleta corporativo no busca la perfección en ninguno de los tres pilares que sostienen su desempeño. Busca consistencia mínima en todos ellos. Porque es la combinación de los tres, sostenida en el tiempo, lo que produce el resultado que ninguno de ellos produce por separado.

Alimentación. Este no es un libro de nutrición, y no pretende serlo. Pero hay una regla que aprendí hace años y que ha resistido todo lo que he leído después: evitar los tres polvos blancos. Y antes de que la mente vaya a otro lugar — porque conozco a mis lectores — no, no me refiero a ese tipo de polvo blanco. Ese también está mal, pero definitivamente no es parte de este libro. Me refiero a la harina, el azúcar y la sal en exceso: los principales responsables de la inflamación crónica, la fatiga y la caída de energía a media mañana que tantos ejecutivos normalizan como parte del trabajo. El azúcar merece atención especial: actúa sobre el sistema de recompensa del cerebro con una efectividad que pocas sustancias legales igualan, y su consumo habitual produce el ciclo de energía-caída-antojo que hace imposible mantener un nivel de concentración sostenida. No se trata de eliminar todo. Se trata de que lo que entra al cuerpo no sabotee la capacidad de pensar.

Ejercicio. Treinta a cuarenta y cinco minutos de actividad física diaria no es una recomendación de bienestar — es gestión del desempeño cognitivo. La evidencia sobre el impacto del ejercicio aeróbico en la memoria de trabajo, la toma de decisiones y la regulación emocional justifica tratarlo como parte del trabajo, no como una concesión. El ejecutivo que hace ejercicio consistentemente no solo duerme mejor y tiene más energía: toma mejores decisiones bajo presión, porque su sistema nervioso tiene más capacidad de recuperarse entre un estímulo estresante y el siguiente.

Salud mental. Dos prácticas han tenido un impacto concreto y medible en la forma en que opero. La primera es la meditación. Debo admitir que en mi familia esto genera una burla recurrente: dicen que lo que yo llamo meditar, en realidad es quedarme dormido. Y no voy a mentir — en ocasiones ocurre. Pero tengo una posición clara al respecto: si me quedé dormido, es porque estaba cansado, y el cuerpo tomó lo que necesitaba. No está mal. Lo que sí está mal es no hacer ninguna de las dos cosas.

Bromas familiares aparte, la meditación que practico me funciona. No la meditación como práctica espiritual — la meditación como entrenamiento de la atención. Diez a quince minutos diarios, sin aplicación especial ni técnica elaborada. El objetivo no es no pensar en nada. Es notar cuándo la mente se dispersó y traerla de vuelta. Ese ejercicio, repetido con consistencia, produce una capacidad que ninguna herramienta de productividad puede reemplazar: la de elegir dónde poner la atención en lugar de ser arrastrado por el ruido. La señal de que está funcionando no es una revelación — es el aburrimiento. Cuando la mente se aburre en silencio, es porque dejó de necesitar la estimulación constante para sentirse activa.

La segunda es la filosofía estoica. En particular, la distinción que Marco Aurelio y Epicteto trabajaron con precisión: lo que depende de ti y lo que no. El ejecutivo que vive en el malestar permanente de lo que no puede controlar — la decisión del consejo, la actitud de un par, el contexto del mercado — consume energía mental en un gasto que no produce ningún resultado. El estoicismo no propone indiferencia. Propone enfoque: toda la energía disponible hacia lo que sí puedes cambiar, y ninguna energía hacia lo que no.

Dónde vive en el SOa

El atleta corporativo no tiene un formato ni una reunión asignada. Vive en las decisiones que nadie ve: la hora a la que te levantas, lo que desayunas antes de la primera reunión del día, si el bloque de ejercicio sobrevivió al calendario o fue lo primero que cancelaste cuando llegó la urgencia.

Su presencia o ausencia se detecta en la calidad sostenida del liderazgo, no en un día de alta energía sino en la consistencia de la semana completa. Un ejecutivo que llega agotado a la reunión del jueves no tomó esa decisión el jueves. La tomó el lunes, cuando sacrificó el sueño, el miércoles cuando canceló el ejercicio, y el martes cuando eligió lo que puso en el cuerpo sin pensarlo.

El sistema que construiste para tu área necesita que quien lo opera esté en condiciones de operarlo. El atleta corporativo es, en el fondo, el método que protege a todos los demás.

Capítulo 21. El sistema ya camina solo. ¿Y ahora qué?

Hay un momento en la vida del SOa que ocurre sin aviso y sin celebración. No hay una reunión donde alguien lo declare, no hay un indicador que lo confirme, no hay una fecha en el calendario que lo marque. Simplemente un día te das cuenta: el sistema funciona sin que tú lo estés empujando.

Las reuniones ocurren. Los indicadores se actualizan. Los planes se ejecutan. El equipo identifica sus propios problemas, propone sus propias soluciones y escala solo lo que genuinamente necesita tu atención. Llegas a la reunión semanal y en lugar de rescatar la operación, la estás leyendo. En lugar de resolver, estás calibrando. En lugar de apagar incendios, estás viendo el tablero de un área que se mueve sola.

El error que nadie anticipa

La mayoría de los líderes que llegan a ese punto cometen uno de dos errores. El primero es intervenir de más. Como el sistema ya funciona y el líder tiene tiempo libre, empieza a meterse donde no necesita meterse: opina en decisiones que ya no son suyas, convoca reuniones que el equipo no necesita, pide reportes adicionales que nadie va a leer. Lo hace desde la mejor intención — quiere seguir siendo útil, quiere sentir que aporta — pero el efecto es el contrario. El equipo lo percibe como desconfianza. La autonomía que tanto costó construir empieza a erosionarse.

El segundo error es lo contrario: desconectarse. Asumir que si el sistema camina solo, el trabajo del líder terminó. Delegar sin seguimiento, desaparecer de las conversaciones importantes, confundir el funcionamiento autónomo del sistema con la ausencia de liderazgo. Un sistema sin tensión tiende a estabilizarse — y la estabilidad sin dirección se convierte, tarde o temprano, en complacencia.

María lo vivió de la primera forma. Cuando su área empezó a funcionar sin que ella tuviera que intervenir en cada decisión, su instinto fue buscar dónde agregar valor de la manera que siempre había conocido: resolviendo. Estuvo tres semanas entrando a conversaciones que su equipo ya manejaba bien, sugiriendo ajustes a planes que no los necesitaban, revisando minutas con un nivel de detalle que no correspondía a su rol. Hasta que uno de sus líderes, con la confianza que solo da una relación bien construida, le dijo algo que no olvidó: "Jefa, ya lo tenemos. ¿Qué está pasando?"

Esa pregunta fue más útil que cualquier retroalimentación formal.

Lo que el líder hace cuando el sistema camina solo

La respuesta no es obvia, porque durante años la identidad del líder estuvo construida sobre la capacidad de resolver. Ser el que tiene las respuestas, el que desbloquea, el que sabe. Cuando el sistema opera solo, esa identidad queda suspendida — y el espacio que se abre puede sentirse incómodo antes de sentirse como una oportunidad.

Pero es exactamente eso: una oportunidad. La más importante que el sistema puede darte.

El líder que liberó su operación tiene una sola responsabilidad nueva: usar ese espacio para construir lo que todavía no existe.

Eso toma tres formas.

La primera es elevar el sistema. Un SOa bien instalado tiende a estabilizarse, y la estabilidad es una señal de madurez — pero también de riesgo. Los objetivos que hace un año eran retadores pueden haberse convertido en rutina. Los indicadores que antes eran urgentes pueden haberse normalizado sin que nadie lo haya decidido explícitamente. La misión que se construyó con energía puede haberse vuelto decorativa. El trabajo del líder cuando el sistema ya funciona es garantizar que sigue siendo exigente: que los compromisos todavía incomoden, que los indicadores todavía midan lo que importa, que la dirección del área siga siendo una pregunta abierta y no una respuesta archivada.

La segunda forma es desarrollar al siguiente líder. El tiempo liberado es la materia prima del desarrollo de talento real. No el curso que mandas a alguien a tomar, no el libro que recomiendas, no la evaluación anual de desempeño. El desarrollo real ocurre en las conversaciones donde expones a alguien a una decisión compleja y le pides que la piense antes de dártela resuelta. En el proyecto donde deliberadamente le das más cuerda de la que sientes que está listo para tener. En la reunión donde te sientas atrás y dejas que uno de tus líderes conduzca, aunque sepas que lo harías diferente. Ese tipo de desarrollo solo es posible cuando el líder tiene espacio. Y ese espacio lo da el sistema.

La tercera forma es diseñar el siguiente nivel. Qué viene después de este sistema. Qué oportunidad no has podido ver porque estabas demasiado ocupado apagando incendios. Qué podría construirse ahora que tienes foco. Esta es quizás la forma más difícil, porque no tiene entregable inmediato ni indicador que la mida. Es el trabajo que solo ocurre cuando el ruido operativo deja de consumir toda la atención — y que produce los resultados más importantes de la carrera de un líder.

El SOa como piso, no como techo

Hay una manera equivocada de leer este libro: como un manual para ordenar lo que está desordenado. Esa lectura no está mal — el método hace exactamente eso. Pero si te quedas ahí, estás usando solo una parte de lo que construiste.

El SOa no es el destino. Es el piso sobre el que puedes edificar algo más grande.

Lo que construiste en estos capítulos — la misión, la estrategia, los indicadores, los planes, las reuniones, los hábitos — es la plataforma. Lo que haces sobre esa plataforma es tu decisión. Un área más capaz. Una organización con más alcance. Una carrera con una visión más ambiciosa. El caos que tenías antes no solo consumía tu tiempo — consumía tu visión. Te mantenía tan ocupado respondiendo a lo urgente que lo importante nunca encontraba espacio en la agenda.

Ahora lo tiene.

Fernando entendió esto tarde, como entiende la mayoría. Estuvo dos trimestres después de instalar el sistema preguntándose si lo estaba usando bien, si había algo que se le escapaba, si el hecho de tener tiempo libre era una señal de que no estaba trabajando suficiente. Hasta que en una conversación con su mentor, este le hizo una pregunta que cambió su perspectiva: ¿Qué estarías construyendo ahora si tu operación no te consumiera hace tres años? Fernando tardó varios segundos en responder. Tenía la respuesta, pero no la había nombrado en mucho tiempo. Cuando lo hizo, entendió que el sistema no era el logro. Era lo que le permitía ir por ese logro.

La pregunta que cierra el libro

Este método no termina en la última página. Termina — o más exactamente, empieza de verdad — el día que lo instalas en tu equipo y comienzas a ver los primeros resultados. Desde ese momento, el libro deja de ser una guía y se convierte en un punto de partida.

Lo que construiste es real y es tuyo. La misión que redactaste, la estrategia que definiste, los indicadores que elegiste, los planes que comprometiste, las reuniones que instalaste — todo eso es la arquitectura de un área que puede operar con o sin que tú estés empujando cada pieza.

Pero hay una pregunta que solo tú puedes responder, y que vale la pena hacerse ahora, antes de cerrar este libro:

¿Qué construirías si tu operación no te consumiera?

Esa pregunta no tiene una respuesta incorrecta. Tiene la tuya. Y el sistema que acabas de instalar existe, entre otras razones, para que puedas ir por ella.

Conclusión. El sistema que libera

Lo que María encontró cuando llegó

Cuando María asumió la dirección del área de operaciones, encontró lo que nadie quería: resultados inconsistentes, equipo desmotivado, procesos que vivían únicamente en la cabeza de las personas más antiguas, y una cultura donde los problemas se resolvían a base de urgencia y voluntad individual. El área funcionaba porque algunos colaboradores la sostenían con esfuerzo heroico. Cuando esos colaboradores no estaban, el área flaqueaba.

Lo primero que hizo no fue lo que la mayoría de los ejecutivos hace cuando toma un rol nuevo: no reorganizó al equipo, no cambió los sistemas, no convocó una reunión de presentación con una estrategia de cien diapositivas. Lo primero que hizo fue entender.

Dos semanas de conversaciones. Con cada líder de proceso. Con los colaboradores que más años llevaban. Con los que menos. Una sola pregunta en cada conversación: "¿Qué te impide hacer mejor tu trabajo?" Las respuestas eran consistentes. Todo el mundo decía lo mismo con palabras distintas: no tenemos claridad de a dónde vamos, no sabemos qué es lo más importante, y cuando algo falla no tenemos un método para resolverlo de manera ordenada.

El área no tenía un problema de talento. Tenía un problema de sistema.

El primer mes: solo el norte

María comenzó por lo más básico: definir para qué existía el área. Convocó a su equipo a una sesión de dos horas. Una pregunta en el rotafolio: "Si desapareciéramos mañana, ¿qué perdería la organización?"

El equipo tardó quince minutos en responder con claridad. Treinta en construir una misión que todos pudieran defender. Cuarenta y cinco en acordar tres objetivos estratégicos del año. Y quince más en comprometerse con los primeros indicadores que medirían si estaban avanzando en la dirección correcta.

Dos horas. Norte claro.

En la semana siguiente a esa sesión, tres colaboradores tomaron decisiones solos que antes habrían escalado. No era conocimiento nuevo — era que ahora tenían un criterio de referencia donde antes no había ninguno. La misión era la respuesta a la pregunta implícita que siempre habían tenido: ¿cómo sé si esto que estoy haciendo es lo correcto?

El segundo mes: el primer tablero

María armó el primer tablero BSC con dieciocho indicadores. No cuarenta y siete. No ciento veinte. Dieciocho: cuatro por cada dimensión del negocio, más dos adicionales que el área necesitaba por sus características específicas.

La primera revisión semanal fue caótica. El equipo no sabía bien qué traer, cómo leerlo, qué se esperaba de ellos. María lo había anticipado. No corrigió en el momento. Observó y al final de la reunión dedicó diez minutos a retroalimentación directa: esto funcionó, esto no, así se va a hacer la próxima semana.

En la semana ocho algo cambió: el equipo empezó a llegar a las revisiones con el trabajo ya hecho. Los indicadores analizados. Las causas identificadas. Las propuestas de acción listas para discutir. María no tenía que preguntar nada. El equipo ya lo había pensado.

"Eso", les dijo al final de esa sesión, "es exactamente lo que debe sentirse una reunión de gestión bien ejecutada." El equipo la miró con una mezcla de orgullo y alivio. Llevaban años en reuniones donde nadie sabía bien qué se esperaba de ellos.

El tercer mes: los procesos que liberan

Con el norte claro y el tablero funcionando, María pasó al siguiente bloque: los procesos. No intentó documentar todo. Identificó cuatro procesos críticos y los documentó con su equipo en sesiones cortas, con el formato más simple posible: qué entra, qué se hace, qué sale, quién es responsable. No más de dos páginas por proceso.

Tres semanas después de documentar el primer proceso, uno de los colaboradores más antiguos del área se fue de vacaciones por primera vez en dos años. Esta vez se fue dos semanas. El área operó. No perfectamente, pero operó.

Cuando regresó, le preguntó a María: "¿Cómo salió todo?" María le mostró el tablero de las dos semanas. "Bien. Con el proceso, el equipo no te necesitaba para lo de siempre. Pudo enfocarse en lo que realmente importaba." Fue la primera vez en años que ese colaborador sintió que el área no dependía únicamente de él.

Tres finales diferentes

El Sistema Operativo Autónomo no produce el mismo resultado en todos los que lo intentan. Produce resultados distintos según el momento en que cada persona decide que ya es suficiente vivir sin él. Para algunos ese momento llega con una crisis. Para otros, con una renuncia. Y para algunos, nunca llega — no porque el método falle, sino porque el cambio que requiere es más profundo que cualquier herramienta.

Manuel, Fernando y María llegaron a ese momento en tiempos distintos, por razones distintas, con resultados distintos. Eso también es parte del método: no garantiza el mismo camino. Garantiza que quien lo recorra tendrá la estructura para llegar.

Manuel tomó vacaciones por obligación. Su empresa tenía una política de días acumulados y Recursos Humanos le había enviado el tercer recordatorio en dos meses. Se fue un lunes con el teléfono cargado al cien por ciento y la lista de pendientes más larga que había tenido en años.

Los primeros tres días revisó el teléfono cada hora. El jueves dejó de hacerlo cada hora y empezó a hacerlo cada dos. El viernes llegó un mensaje de su segundo: «Tuvimos un incidente en la línea norte. Lo manejamos. Te cuento al regreso.»

Manuel leyó el mensaje tres veces. Luego lo guardó sin responder.

Cuando regresó, su equipo le explicó lo que había pasado: el problema, la decisión que tomaron, el resultado. Lo habían resuelto en cuatro horas. Sin escalar. Sin esperarlo. En la forma exacta en que Manuel lo hubiera hecho.

Esa tarde se quedó solo en su oficina más temprano que de costumbre. Y pensó en algo que llevaba dieciocho años sin preguntarse: en qué quería construir ahora que el área ya no lo necesitaba para operar. No tenía una respuesta. Pero era la primera vez que la pregunta no le producía angustia. Solo curiosidad.

Eso, para Manuel, era suficiente por ahora.

Antes de salir, le envió un mensaje a su segundo. No para pedir el reporte del incidente ni para agregar instrucciones. Solo decía: «Bien hecho. No me necesitaban.»

Tardó cuatro minutos en escribir esas cinco palabras. Las más difíciles de su carrera.

El quiebre de Fernando no vino de una crisis operativa ni de un directivo que perdió la paciencia. Vino de una renuncia.

Su mejor colaborador—el que más años llevaba, el que más sabía del sistema—le pidió una reunión para avisar que se iba. Cuando Fernando le preguntó la razón, la respuesta fue breve y difícil de escuchar: "Aquí hacemos el sistema perfecto. Pero yo nunca sé si realmente ayudamos al negocio."

Fernando pasó ese fin de semana revisando dos años de reportes. Buscaba algo concreto: un resultado de negocio atribuible directamente a su sistema. Una mejora medible para un cliente interno. Un costo reducido. Una capacidad nueva que no hubiera existido sin el método. Buscó durante horas.

El lunes siguiente canceló ocho de sus catorce reuniones y eliminó cuarenta y dos de sus sesenta y siete indicadores. Su equipo no entendió el cambio. Tampoco lo cuestionó. Tres meses después, por primera vez en años, las conversaciones en sus revisiones semanales eran sobre resultados de negocio, no sobre el estado del sistema.

Fernando no había fallado por falta de método. Había fallado porque el método se convirtió en el destino. Y lo más importante que aprendió ese fin de semana no fue cómo simplificar. Fue reconocer la diferencia entre las dos cosas.

El área de María opera hoy con consistencia en seis frentes simultáneos. Sus reuniones terminan a tiempo. Sus compromisos se cumplen. Su equipo toma decisiones con criterio propio.

Pero lo que María recuerda de los primeros meses no es el tablero que diseñó ni la misión que redactó con el equipo. Recuerda una tarde, en la semana dieciocho desde que había empezado a construir el sistema, cuando recibió un mensaje de texto mientras estaba en otra reunión. Un incidente. Uno que en cualquier otro momento de su carrera habría requerido que ella interviniera de inmediato.

Decidió no responder.

Dos horas después, cuando terminó su reunión y abrió el hilo, encontró doce mensajes. Su equipo había diagnosticado el problema, evaluado dos opciones, tomado una decisión y documentado el cierre. Todo sin ella. Todo bien.

María guardó el teléfono. Nadie en la sala supo lo que acababa de pasar.

Ese fue el momento en que entendió que el sistema había dejado de ser suyo.

Los tres llegaron al mismo punto por caminos distintos. Manuel llegó preguntándose quién era cuando el área no lo necesitaba. Fernando llegó después de perder a alguien. María llegó sin anunciar nada, en silencio, un martes que parecía igual a todos los anteriores.

Es el momento en que cada uno decidió construir algo más grande que su propia presencia.

Manuel está en el inicio de ese camino. Fernando está aprendiendo a recorrerlo. María lleva dieciocho meses viviendo en él.

Los tres llegaron al mismo punto por caminos distintos. Y los tres, si soy honesto, son el mismo camino: el mío. Cada uno es una versión de lo que yo fui, de lo que aprendí a dejar de ser, y de lo que todavía estoy construyendo. Los tres salieron del mismo punto de partida. Y ese punto de partida tenía mi nombre.

Eso es lo que hace el Sistema: no garantiza el mismo resultado. Garantiza que quien lo construya tendrá la estructura para avanzar.

Lo que el Sistema Operativo Autónomo (SOa) realmente te da

No te da resultados. Los resultados son consecuencia de muchas variables que están fuera de tu control. Lo que te da es estructura para que los resultados sean posibles con consistencia. Y algo que vale más que eso: te devuelve el espacio para ser el tipo de ejecutivo que quieres ser.

Cuando tu área opera con un sistema, tú dejas de ser el sistema. Dejas de ser el cuello de botella, el que no puede desconectarse porque todo colapsa sin él. Te conviertes en el arquitecto de una organización que funciona con o sin tu presencia en cada área.

Lo que se convierte en hábito deja de consumir toda nuestra energía mental. Cuando el SOa se instala como hábito en tu área, la operación deja de absorber tu capacidad de pensar. Y esa capacidad liberada es la que necesitas para construir lo que sigue. No solo dentro de la organización. También fuera de ella. El método no solo resuelve el caos del trabajo. Te devuelve soberanía sobre tu tiempo. Y esa soberanía es lo que hace posible construir más de una cosa a la vez.

La invitación

Este libro te dio el lenguaje, el marco, la secuencia. Pero eso es solo el inicio. Lo que realmente te va a transformar como ejecutivo no está en estas páginas: está en los errores que cometerás al implementar, en los ajustes que harás cuando la realidad no coincida con el plan, en las conversaciones difíciles que tendrás con tu equipo cuando el sistema encuentre resistencia.

Eso no se aprende leyendo. Se aprende haciendo.

Así que te hago una invitación simple: empieza hoy. No mañana, no el próximo trimestre. Empieza con lo más básico. Convoca a tu equipo a una sesión de dos horas. Pregúntales para qué existe el área. Escucha las respuestas. Escribe la misión en un rotafolio.

La diferencia entre los tres ejecutivos que conociste en este libro no empezó con un método sofisticado. Empezó con esa pregunta. Con la disposición de pararse frente al equipo y decir: necesitamos tener claro a dónde vamos antes de seguir corriendo. Empieza imperfecto y mejora en movimiento.

El caos no desaparece solo. Pero con el sistema correcto, deja de controlarte.

Tú controlas el sistema. El sistema controla el caos.

Eso es lo que este sistema te da: un área que opera sola. No porque el método sea perfecto. Porque tú decidiste dejar de depender de ti mismo.

Son las seis de la tarde de un martes.

La presentación de mañana está lista desde ayer. Los tres problemas que la semana pasada habrían llegado a tu escritorio los resolvió el equipo sin consultarte. Tienes cuarenta y tres mensajes sin leer --- y puedes dejarlos para mañana porque sabes, con certeza, que ninguno va a incendiarse esta noche.

No saliste más temprano porque trabajaste menos. Saliste más temprano porque construiste algo que trabaja cuando tú no estás empujando. La diferencia no está en el esfuerzo. Está en el sistema.

Ese ejecutivo del inicio de este libro todavía existe. Sigue siendo martes. Sigue siendo tarde. La única diferencia es lo que decidió construir.

El método existe. Las herramientas están. Lo único que falta eres tú decidiendo mover a tu equipo **del caos al orden**.

Ahora ve a construirlo.

Agradecimientos

Este libro no es solo mío.

Es el resultado de veintidós años de trabajo con equipos que me enseñaron más de lo que cualquier libro podría haberme dado. Directivos que confiaron en el método cuando todavía era una idea a medias. Colaboradores que lo adoptaron antes de que estuviera terminado. Líderes que lo cuestionaron y con eso lo mejoraron.

A las familias Coppel y Vizcarra, y a Leovi Carranza: los líderes que construyeron las organizaciones donde este método tomó forma. Gracias por confiar en personas como yo para llevar adelante lo que ustedes edificaron, y por crear entornos donde aprender con libertad es posible.

A Santiago, Diego, Miguel y Armando, los jefes que marcaron el camino. A los que me dieron espacio para construir y a los que me pusieron obstáculos que terminaron siendo los mejores maestros. De todos aprendí algo que está en estas páginas, aunque no siempre lo supieran.

A Rosita, mi esposa, que aguantó los años en que yo era el ejecutivo indispensable que describe el Capítulo 1 de este libro, y que nunca dejó de creer que había una versión mejor de ese ejecutivo posible.

A Rodrigo y Mateo, mis hijos, por quienes vale la pena construir algo que trascienda más allá del trabajo.

Y a ti, que llegaste hasta aquí. Leer un libro completo es un acto de intención. Ojalá lo que encontraste valga lo que le diste.

Si lo que encontraste te generó más preguntas que respuestas sobre cómo construir esto en la práctica, eso es exactamente lo que debería pasar. Este libro te dio el mapa. El siguiente te dice cómo salir del estacionamiento. Del Caos al Orden: El Manual, está organizado en doce pasos de implementación, en el orden que hace que el sistema sobreviva los primeros noventa días. Cuando estés listo para construir, ese es el siguiente paso.

Sobre el autor

Rogelio Aguayo es Director de Operaciones de TI en Grupo Coppel, una de las organizaciones de retail y servicios financieros más grandes de México, donde lidera un área de más de dos mil quinientas personas con sistemas críticos operando las veinticuatro horas.

Con más de veinte años de carrera, ha ocupado roles de CIO y CTO en empresas como SuKarne y PINSA antes de llegar a Coppel. Es autor de un libro previo sobre gestión de proyectos publicado en Amazon, donde documentó las lecciones aprendidas en la implementación de sistemas ERP a escala nacional. Ha aplicado el método de este libro en equipos de todas las escalas: desde áreas de cinco personas construyendo sus primeros procesos hasta operaciones de miles.

Su trabajo se centra en una convicción que ha comprobado en cada rol: el problema de fondo de cualquier área, sin importar su tamaño, industria o disciplina es siempre el mismo. Y tiene solución.

Es Ingeniero en Sistemas de Información por el ITESM, con certificaciones en PMP, ITIL, SAP MM y CSM, y una Maestría en Administración de Empresas por el mismo instituto. Vive en México con su familia.

Puedes contactarlo en LinkedIn www.linkedin.com/in/rogelioaguayo o través del sitio web del libro www.delcaosalorden.com.mx. Encuentra recursos complementarios, ejemplos adicionales y actualizaciones del método. El sitio crece junto con el sistema.